U0033766

內戰在東北
熊式輝、陳誠與東北行轅

（五）

Civil War in Manchuria

Hsiung Shih-hui, Chen Cheng, and the Northeast Field Headquarter

- Section V -

導讀

陳佑慎
國家軍事博物館籌備處史政員
國防大學通識教育中心兼任教師

（一）

　　本套書取材自「國民政府東北行轅民國卅六年度工作報告書」、「東北行轅政務委員會委員會議議事錄」及相關檔案史料。

　　所謂東北行轅，全稱是國民政府主席東北行轅，行轅主任先後為熊式輝、陳誠，乃國民政府在中國東北地區的軍事、政治總樞。因此，本套書內容除含括國共戰爭的作戰、情報、後勤事項，以及軍事運營方面的經理、人事、編制、監察、兵役、教育、總務、軍法、衛生、政工、砲兵、工兵、通信等管理，也包含了更廣泛的民政、財政等歷史細節。這些內容，對熊式輝、陳誠個人的政治軍事生涯，東北地區的局勢變動，以及全中國的國運，關係十分重大。

　　且說從頭。東北地區之於中國，具有特殊的政治、軍事、經濟戰略地位。陳誠曾經指出，「日本侵華，是由東北開始的。起初日人的希望，以能奪取東北為已足。假使當時我們認為東北可以不要，則八年抗戰也許不致發生」，而「經過八年浴血抗戰之後，如果勝利的果實，不包括光復東北在內，則千萬軍民的死傷，難

以數計的財產損失，都將成為無謂的犧牲」。[1] 這種看
法，國民黨人曾經相當流行。[2]

　　抗日戰爭結束，「滿洲國」瓦解，日本終於失去對
中國東北地區的支配。為了處理東北各省的收復事宜，
國民政府於 1945 年 8 月 31 日議決通過「收復東北各省
處理辦法綱要」，隨後特設軍事委員會委員長東北行營，
初駐長春，後移瀋陽，行營主任為熊式輝。這個東北行
營，就是本書主角──東北行轅的直接前身。東北行營
運作到 1946 年 6 月，因為國民政府軍事委員會結束、行
政院國防部成立，於是，連同其它各地的軍事委員會委
員長行營，名義已無法繼續存在。[3] 同年 9 月，東北行營
正式改稱東北行轅，而人事、組織、職權基本照舊。

　　然而，國民政府必欲收復之東北，新一階段的情
勢極其複雜，使得接收工作困難重重，險象環生。[4] 先
是，抗日戰爭結束前夕，1945 年 8 月 9 日，蘇聯發動
日本的大規模攻勢，很快佔領了整個中國東北地區，以

1　陳誠著，吳淑鳳編輯，《陳誠先生回憶錄：國共戰爭》（臺北：
　　國史館，2005），頁 112-113。

2　1947 年 7 月 7 日，蔣介石發表「抗戰建國十週年紀念告全國軍民
　　同胞書」，即直指「我們對日抗戰的目的，原在於捍衛國土，收
　　復東北，保持主權和領土的完整。東北的主權和領土行政一天沒
　　有恢復，便是抗戰的目的沒有達到」。見秦孝儀主編，《先總統
　　蔣公思想言論總集》（臺北：中國國民黨中央委員會黨史委員會，
　　1984），第 32 卷，頁 171。

3　軍事委員會委員長行營、國民政府主席行轅改組與國防部成立之
　　關連，參見陳佑慎，《國防部：籌建與早期運作（1946-1950）》（臺
　　北：民國歷史文化學社，2019），頁 160-167。

4　對於戰後東北接收引伸的外交、政治、軍事問題，學界甚為關注，較
　　有系統且全面的研究，例見高純淑，〈戰後中國政府接收東北之經緯〉
　　（臺北：中國文化大學歷史學系博士論文，1993）；程嘉文，〈國共內
　　戰中的東北戰場〉（臺北：國立臺灣大學歷史學系碩士論文，1996）。

及朝鮮半島北部、庫頁島南部、南千島群島等地。繼之，中共趁蘇聯軍事佔領東北的既成事實，憑藉蘇軍支持或默許，利用日軍遺留武器與東北人力物力，勢力日益坐大。國民政府則依據《中蘇友好同盟條約》，與蘇俄一再交涉，期望蘇軍早日撤出東北，減少對中共的支持，並促成國軍順利接收東北，但最後並未獲致良好結果。當時，國民政府為了對蘇談判，特派蔣經國為外交部東北特派員，復指定東北行營副參謀長董彥平兼任駐蘇聯軍事代表團團長，派駐蘇軍總司令部，以資聯繫。董彥平及其駐蘇軍事代表團留下的交涉報告、紀錄文件，日前已由民國歷史文化學社編輯出版為《內戰在東北：駐蘇軍事代表團》（共二冊），有興趣的讀者可以參閱，對照本書的相關內容。

中蘇之間幾經周折，延至 1946 年 3 至 5 月間，蘇軍不待國軍接防，全部撤回蘇境。蘇軍在各地遺留的真空，由中共力量迅速填補。國民政府則調派精銳國軍部隊，以錦州、瀋陽為基地，分向南滿、北滿地區進攻。5 月，國軍曾經重挫共軍，收復四平、長春等地，聲勢一度大振。然而，國軍並未徹底擊破中共主力，也未進一步向松花江以北推進。更嚴重的是，國軍之勝利，所得收穫只是佔領城市、鐵路線，而兵員、糧彈補充困難，外乏增援之師，戰力逐漸耗損。反之，共軍依然盤據廣大的農村地區，以農村地區的人力、物力補充戰損，再生力強大。可以說，國軍困守點線，共軍控制面積；國軍居消費之地，共軍據生產之區。國民政府所謂接收東北，除去孤立據點、幾條脆弱的交通線外，恐怕別無他物。

　　到了 1947 年間，東北國軍依托「點」「線」，共軍控制「面」，兩軍形成拉鋸戰，惟國軍消、共軍長的整體情勢已日漸鑄成。於是，國民政府中樞、東北當局主事者，被迫放棄了收復東北完整主權的信心，轉採取以瀋陽、長春、四平、永吉、錦州、葫蘆島等城市作國民政府在東北的主權象徵、戰略據點，然後苦撐待變，再尋求機會使用機動兵力打擊共軍主力。6 月，熊式輝在東北行轅週會上曾表示，「東北形勢，已由接收廣大地區，轉變到集中兵力，消滅匪軍」。[5]

　　1947 年 9 月以後，陳誠接替熊式輝之位，推動一定程度的新政，但在作戰方面其實沒有改變前揭戰略原則。在「國民政府東北行轅民國卅六年度工作報告書」前言遂有謂：「我軍事難於開展，使我政令無法推行」，「但我為收復主權，屏蔽內地，忍苦支撐，竭力挽轉，移輕就重，捨小護大，凡有裨於戡亂軍事之處，莫不悉力以為」。

（二）

　　以上所述，是為抗日戰爭結束，東北行營、行轅先後成立期間，國民政府在東北地區所面臨的惡劣局勢。下面則要談談，國民政府在東北陣前換將，以陳誠替換熊式輝擔任行轅主任的經緯。

　　無可諱言地，東北行營／行轅作為國民政府在東北地區的政治、軍事總樞，身處複雜情勢，所作所為卻未

5　熊式輝著，洪朝輝編校，《海桑集：熊式輝回憶錄，1907-1949》（香港：明鏡出版社，2008），頁 583。

孚人心所望。首先談軍事方面，如黨政軍機構對於接收工作的通盤規劃不足，相當數量接收人員貪贓枉法，彼此爭奪，生活紙醉金迷，「甚至對東北人還有點對殖民地的味道」，[6] 馴至接收有「劫收」之名。又如黨政軍機構林立，組織龐雜，人浮於事。抑有進者，許多機構因為廣大地區先後為蘇軍、共軍所佔，根本無法前往轄區，遂麕集於瀋陽，徒增財政負擔，卻對行政效率、民心均有不良影響。

其次談軍事方面，此亦為最影響民心士氣，對國民政府統治產生最直接致命衝擊的部分。首先，許多東北地方人士指責，「中央在東北最大的致命傷，莫過於不能收容偽滿軍隊，迫使他們各奔前程，中共因此坐大。林彪就是利用東北的物力、民力，配上蘇軍俘來的日軍和偽軍武器組成第四野戰軍，一直從東北打到廣東和海南島」。[7] 這種說法有無道理，一言難盡，但確實在接下來的日子爭論了數十年。另外，國軍在接收東北初期，「急於求功與輕視共軍，祇謀地區之擴展，忽略集中殲滅共軍兵力」[8] 等現象，也頗引人們詬病。其後東北軍事當局見兵力不足、防廣兵單，乃轉採保守戰略，試圖培養本身戰力，再謀打擊共軍主力。不幸，國軍的新戰略，從未有兌現的一天。

6 沈雲龍、林泉、林忠勝訪問，《齊世英先生訪問紀錄》（臺北：中央研究院近代史研究所，1990），頁 269。
7 沈雲龍、林泉、林忠勝訪問，《齊世英先生訪問紀錄》，頁 270。
8 陳誠著，何智霖編輯，《陳誠先生回憶錄：六十自述》（臺北：國史館，2012），頁 106。

　　熊式輝是東北行營／行轅主任，身為東北地區的政
治軍事總負責人，對於政治、軍事等各方面的困境，當
然是難辭其咎的。不過，當中的許多問題，確實並非熊
氏單個人的決策。以最受外界攻擊的偽滿軍隊收容問題
為例，抗戰結束後原「滿州國」軍隊連同東北其它所謂
游雜武裝，或遭解散命運，或以地方保安部隊名義暫得
棲身。這些地方保安部隊，究竟應擴充抑或繼續裁減，
政府當局內部迭次爭論。熊式輝主張的是擴充，認為地
方保安部隊可輔助國軍正規部隊作戰。主導全國「整
軍」工作的參謀總長陳誠，則輕視地方保安部隊的實
力，堅主裁減，而且意見佔了上風。[9]

　　除此之外，熊式輝雖為東北政治、軍事最高負責
人，所謂「軍事委員會委員長行營主任」一類頭銜更有
高級作戰區指揮官的意味。[10]實則，熊式輝之下復有東北
保安司令部之設，保安司令杜聿明為真正指揮作戰者，
而熊、杜兩人關係不睦。1946 年 2 月，杜聿明一度因病
離職修養。即使如此，熊式輝仍舊抱怨「余為行營主任，
名則軍事最高長官，而於軍事有責無權」，「杜為真正司
令長官，名雖病假期中，實際卻仍在指揮軍事」。[11]東
北內部政治、軍事領導之協調不佳，於此確可見一斑。

　　1947 年 5 月 30 日，蔣介石在日記寫道：「瀋陽內

9　熊式輝著，洪朝輝編校，《海桑集：熊式輝回憶錄，1907-1949》，
　頁 565、606。

10 國防部第三廳編，《作戰區之組織與職掌》（南京：國防部第三廳，
　1947），頁 11-13。

11 熊式輝著，洪朝輝編校，《海桑集：熊式輝回憶錄，1907-1949》，
　頁 526。

部複雜，工作腐敗，天翼（熊式輝）威信絕無，光亭
（杜聿明）臥病在床，軍機大事推諉延宕」。[12] 這段
話，似非過份之論。很快地，蔣介石下定了更換東北人
事的決心。

蔣介石為調整對共作戰佈局，洽詢桂系領袖、北平
行轅主任李宗仁轉任東北的意願，李不願。蔣續請桂系
要人國防部長白崇禧赴東北，白亦不肯接受。[13] 李宗仁
後來回憶，曾說「倖免於介入東北」。[14] 至於白崇禧推
辭東北委任之後，蔣介石改催促其主持華中軍事。白
崇禧初仍拒絕，後終於在 1947 年 11 月同意到九江成
立並主持國防部九江指揮所（後改設武漢），指揮華
中地區國軍（相當數量為桂系部隊）圍剿大別山地區
的共軍。[15] 此為內戰中後期白崇禧執掌華中兵權的直接
緣由。

在桂系李宗仁、白崇禧相繼拒絕執掌東北兵符之
後，作為蔣介石股肱重臣的參謀總長陳誠，乃遵蔣氏之
命赴瀋陽，於 1947 年 9 月 1 日起兼東北行轅主任。其
參謀總長職權，由參謀次長林蔚代行。至於東北行轅原
主任熊式輝，雖可就此擺脫燙手山芋，但究屬難堪下

12 《蔣介石日記》，未刊本，1947 年 5 月 30 日。
13 陳誠著，吳淑鳳編輯，《陳誠先生回憶錄：國共戰爭》，頁 115。
14 李仁宗口述，唐德剛撰寫，《李宗仁回憶錄》（臺北：遠流出版社，2010），頁 781。
15 陳存恭訪問紀錄，《徐啟明先生訪問紀錄》（臺北：中央研究院近代史研究所，1983），頁 129-130；熊式輝著，洪朝輝編校，《海桑集：熊式輝回憶錄，1907-1949》，頁 648；覃戈鳴，〈白崇禧圍攻大別山戰役概述〉，全國政協文史資料委員會編，《文史資料存稿選編》，第 10 冊：全面內戰（中）（北京：中國文史出版社，2002），頁 565-567。

台，本人尤感「恥於知難而退」。[16] 以後，熊式輝未再擔任政治、軍事要職。

陳誠既已臨危接掌東北行轅主任，隨即陸續推動各項措施，而這些措施基本上可以用「先事整飭內部，戰略暫取守勢」[17] 一句話概括。所謂戰略暫取守勢，為繼續守備永吉、長春、四平、瀋陽、錦州、葫蘆島等處，以有力部隊機動控置於鐵嶺、錦州，準備排除北寧路之障礙，打通瀋長路交通，然後相機進行城堡戰與野戰，謀求各個擊破共軍。[18]

至於所謂整飭內部，實為陳誠相對於熊式輝真正大幅度推動的新政，而大致上又可分為政務、軍務兩類。在政務上，為整併機構（如合併行轅政治與經濟兩委員會為政務委員會，敵偽事業統一接收委員會、生產管理局、房地產管理局為東北區敵偽資產處理局），緊縮尚未接收之各省市政府並令離開瀋陽，嚴懲不法人員，安裕民生，調節物資，穩定物價等。在軍務上，為調整國軍指揮系統，整編國軍部隊，大量裁併地方保安部隊等。

然而，陳誠在東北雷厲推行的新政，雖義正辭嚴，仍引起許多政軍人士的敵意。當中的整編國軍部隊、裁併地方保安部隊等項，常被懷疑獨厚特定軍系，消滅特定軍系，最易激成不滿空氣。1948 年 2 月，已卸任

---

16 熊式輝著，洪朝輝編校，《海桑集：熊式輝回憶錄，1907-1949》，頁 613-617。

17 陳誠著，何智霖編輯，《陳誠先生回憶錄：六十自述》，頁 104。

18 陳誠著，何智霖編輯，《陳誠先生回憶錄：六十自述》，頁 105-107。

賦閒的熊式輝，當面向蔣介石直指「軍心對陳誠俱感不安」，陳誠「等於在暴風雨之下，還如此從容去拆屋架屋」。[19] 應當指出，抱持類似觀點者，並不在少數。尤其陳誠在抵東北視事以前，歷任軍政部長、國防部參謀總長等職，早被視為全國範圍內整軍政策的操盤手，備受反對整軍政策者的指責。[20]

隨著東北國軍的處境日益困難，陳誠面對「在暴風雨之下，還如此從容去拆屋架屋」一類質疑，逐漸難以招架。自 1947 年 9 月起，至 1948 年 1 月間，共軍多次發動對瀋陽、錦州、錦西、營口、撫順、營盤、白旗堡、永吉、公主屯等地的攻勢。期間，國軍雖尚能確保錦州、瀋陽、長春等主要據點，但損兵折將，又乏補充，距離實現「各個擊破共軍」的可能性一天比一天更為遙遠，局勢較之熊式輝主持時期顯然還要惡劣。

（三）

陳誠主持東北政治、軍事期間，焚膏繼晷，且苦於胃疾，頗有大廈將傾，獨木難扶之慨，聲望也大受影響。1948 年 2 月，陳誠終於離開瀋陽，經南京轉赴上海，治療胃疾。[21] 但難以否認，其離任時的難堪程度，較熊式輝有過之而無不及。至於東北作戰之指揮，蔣介石另派衛立煌以東北行轅副主任兼東北剿匪總司令名義

19 熊式輝著，洪朝輝編校，《海桑集：熊式輝回憶錄，1907-1949》，頁 660。
20 見《申報》，1948 年 4 月 13、14 日，10 月 8 日，版 1；國防部編，《國民大會代表軍事檢討詢問案之答覆》，頁 3-108。
21 于衡，〈陳誠、熊式輝走馬換將〉，《傳記文學》，第 20 卷第 3 期（1972），頁 64。

主持。

1948年3月29日,第一屆國民大會於南京召開,各方面對陳誠的攻擊,達到了高潮。這次會議召開期間,陳誠在滬養病,並未參加,缺席了國民大會代表群體對他的嚴厲審判。4月12日,在國防部長白崇禧於大會報告軍事問題後,國民大會代表群起發言,要求政府當局嚴懲陳誠的軍事責任,甚至有言「殺陳誠以謝國人」者。[22] 5月12日,蔣介石批准陳誠辭去參謀總長、東北行轅等本兼各職。

蔣介石、陳誠有見國民大會對於東北問題的嚴厲責難,當時歸咎於桂系領袖李宗仁為競選副總統,故意操縱會場空氣,暗示挑撥所致。[23] 因之,蔣介石在陳誠交卸參謀總長、東北行轅主任職位的同時,隨即逼迫桂系要角白崇禧辭去國防部長,僅允白崇禧保留原國防部九江指揮所麾下華中部隊的兵權。白崇禧抗議未果,最終仍於1948年6月底正式就任華中剿匪總司令,總司令部即是由原九江指揮所改組而成。

近於同時,5月19日,行憲政府成立前夕,政府當局亦有鑑於國民政府主席名義將不復存在(國家元首改為總統),明令取消國民政府主席行轅制度,東北、北平行轅著即歸併於東北與華北剿匪總司令部。[24] 於

---

22 參見《申報》,1948年4月13、14日版1各篇報導;《蔣介石日記》,未刊本,1948年4月13日。

23 《蔣介石日記》,未刊本,1948年2月9日,4月2、3、4、13日;陳誠著,何智霖編輯,《陳誠先生回憶錄:六十自述》,頁109。

24 〈國民政府令〉(1948年5月19日,補登),《總統府公報》,第2號(1948年5月21日),頁1;「蔣介石致傅作義電」(1948年5月12日)、

是，東北剿匪總司令衛立煌正式成為接替陳誠的東北政
治、軍事總負責人。而東北、華北、華中剿總，再加上
徐州剿總，成為國軍在新一階段的主要高級作戰區指揮
機構。再幾個月不到，這幾個作戰區指揮機構，就要面
對國共戰爭的戰略決戰，錦瀋、平津、徐蚌會戰。至於
國軍在前述幾場戰略決戰的災難性終局，本文就不必贅
述了。

　　回頭再談陳誠與東北。陳誠在東北遭逢挫折，步上
熊式輝後塵黯然離任。對此議論紛紛者，自然不侷限
於他和蔣介石所怪罪的桂系人士。1948 年底，陳誠經
過數月的療養、沉潛生活，方才傳出層峰起用出任臺灣
省政府主席的消息。屬於黃埔系重要人物，時任西安綏
靖公署主任的胡宗南聞訊之後，尚向蔣介石表示，對於
陳誠的新動向，「外間多覺煩悶」，理由是「辭公（陳
誠）近年來所作為對國家影響太大」。[25]

　　總而言之，陳誠主持東北行轅的經歷，是他個人戎
馬生涯中極黯然的一頁。儘管，陳誠沒有因此洩氣，也
沒有失去蔣介石的倚重，稍後仍陸續藉臺灣省主席、東
南軍政長官、行政院長、副總統等新職，東山再起，並
發揮對國家的正面影響力。

　　更確切地說，熊式輝、陳誠主持東北政治軍事的過
程，不僅僅是他們個人的黯然經歷，實是整個中華民國

「蔣介石致衛立煌電」（1948 年 5 月 29 日），《蔣中正總統文物》，
國史館藏，典藏號：002-020400-00017-108、002-020400-00016-091。

25 胡宗南著，蔡盛琦、陳世局編輯校訂，《胡宗南先生日記》，下冊，
1948 年 12 月 30 日條，頁 89。

政府的悲劇。陳誠交棒東北政軍全權未及一年，1948
年 11 月，共軍徹底贏得東北的全勝。數十萬東北共軍
狹新勝餘威，很快蜂湧開入關內，使關內各戰場的國共
兵力急遽失衡，直接影響了整個國共戰爭的最終結果。
歷史沒有如果，但許多專業史家仍然不禁想問，假使當
年國民政府中樞、東北當局的抉擇有那麼一點不一樣，
會不會改變東北國共戰局，改變整個國共戰爭的結果，
從而牽動冷戰時代的全世界走向？[26] 當然，這個問題永
遠不會有肯定答案。

我們真正有機會找到肯定答案的問題，是探索陳
誠、熊式輝、衛立煌等個人，連同其廣大僚屬、機構的
作為，究竟在這個風雲變動的歷史巨流中扮演什麼角
色？受到什麼時代影響？帶來什麼時代影響？本書的出
版，提供了回答各種相關問題的有力線索。

本套書的內容，綜合觀之，聚焦於 1948 年衛立煌
出任東北剿匪總司令、國共醞釀錦瀋會戰以前，1947
年內熊式輝、陳誠主持東北行轅轄下的軍政、軍令、軍
隊政工，以及民政、財政事項。某種意義上，可讓吾人
一窺東北國軍在戰略決戰前夕的各種身影。讀者若能參
照其他相關史料，定能更深入地了解東北問題的複雜面
向，尋索當時東北何以發生翻天覆地的變局。

---

26 Arthur Waldron, "China Without Tears: If Chiang Kai-Shek Hadn't
Gambled in 1946", in Robert Cowley ed., *What If?: The World's Foremost
Historians Imagine What Might Have Been* (Berkley: Robert Cowley, 1990),
pp. 377-392. 中譯收於王鼎鈞譯，《What If?：史上 20 起重要事件
的另一種可能》（臺北：麥田出版，2011）。

編輯凡例

一、本書編輯自國史館藏東北行轅資料及東北行轅時
　　期出版品。

二、本書史料內容，為保留原樣，維持原「偽」、
　　「匪」等用語。

三、為便利閱讀，部分罕用字、簡字、通同字，在不
　　影響文意下，改以現行字標示；部分表格過大，重
　　新改製，並將中文數字改以阿拉伯數字呈現；以上
　　恕不一一標注。

四、原件無法辨識文字，以■表示。

五、部分附件原件即缺漏。

目 錄

壹、陳誠東北行轅主任任內軍事資料

一、東北行轅所屬部隊師參謀長暨獨立團團長以上簡歷冊

民國三十六年底

第六兵團所屬師參謀長以上簡歷冊

部別	司令部	級職	中將司令官
姓名	孫渡	別號	志舟
生年月日	前 16/5/5	籍貫	雲南陸良
出身	雲南講四工	略歷	團旅師軍長總司令

部別	司令部	級職	中將副司令官
姓名	楊宏光	別號	伯誠
生年月日	前 20/9/26	籍貫	雲南綏江
出身	保定軍校六工	略歷	團旅軍長副總司令

部別	司令部	級職	中將副司令官
姓名	陳鐵	別號	志堅
生年月日	前 13/12/27	籍貫	貴州遵義
出身	軍校一步陸大特一	略歷	團軍長副總司令

部別	司令部	級職	中將副司令官
姓名	梁愷	別號	克怡
生年月日	前 7/2/8	籍貫	湖南耒陽
出身	軍校一步	略歷	團旅師長副軍長

部別	司令部	級職	中將副司令官
姓名	趙家驤	別號	大偉
生年月日	前 2/9/22	籍貫	河南汲縣
出身	東北講七步 陸大十四	略歷	營團長 參謀長司令

部別	司令部	級職	少將參謀長
姓名	安守仁	別號	樂山
生年月日	民 1/11/19	籍貫	河北清苑
出身	東北講一〇工 陸大一五	略歷	副官大隊長 參謀處長

部別	第九三軍	級職	中將軍長
姓名	盧濬泉	別號	
生年月日	前 12/6/6	籍貫	雲南昆明
出身	雲南講十八步 軍校幹訓班	略歷	營團旅師長

部別	第九三軍	級職	中將副軍長
姓名	盛家興	別號	仲賓
生年月日	前 12/4/31	籍貫	雲南玉溪
出身	軍校五步 陸大一〇	略歷	參謀長處長參議

部別	第九三軍	級職	少將參謀長
姓名	董漢三	別號	子傑
生年月日	前 7/10/8	籍貫	山東泰安
出身	武漢軍分校一步 陸大特五	略歷	營團長兵監 參議高參

部別	暫十八師	級職	上校師長
姓名	景陽	別號	
生年月日	民 1/5/13	籍貫	雲南玉溪
出身	軍校八工	略歷	營團長副師長

部別	暫十八師	級職	少將副師長
姓名	李長雄	別號	
生年月日	前 3/1/11	籍貫	雲南石屏
出身	軍校八騎	略歷	營團長

部別	暫十八師	級職	上校參謀長
姓名	尹龍舉	別號	
生年月日	民 5/5/26	籍貫	雲南大石
出身	軍校十二步 陸大十八	略歷	連營長參謀長

部別	暫二〇師	級職	上校師長
姓名	王世高	別號	
生年月日	民 1/1/2	籍貫	雲南華坪
出身	雲南講二〇步 軍五分校二	略歷	營團長副師長

部別	暫二〇師	級職	少將副師長
姓名	楊健秋	別號	
生年月日	前 4/8/20	籍貫	雲南劍川
出身	軍校八步 陸大一六	略歷	課長團長參謀長

部別	暫二〇師	級職	少將副師長
姓名	趙思齊	別號	
生年月日	前 2/3/20	籍貫	雲南文山
出身	雲南講一九步 高教班六	略歷	營團長

部別	暫二〇師	級職	中校參謀長
姓名	韓潤珍	別號	
生年月日	前 2/11/29	籍貫	雲南濱川
出身	軍校八步 陸大參八	略歷	連營長參謀長

部別	暫二二師	級職	少將師長
姓名	龍澤匯	別號	
生年月日	前 2/10/9	籍貫	雲南昭通
出身	軍校八步 軍將官班一	略歷	營團長 兵站分監司令

部別	暫二二師	級職	上校副師長
姓名	殷開本	別號	
生年月日	前 8/8/8	籍貫	雲南巍山
出身	軍校八步	略歷	營團長組長

部別	暫二二師	級職	上校副師長
姓名	張中漢	別號	
生年月日	前 1/9/20	籍貫	雲南簡舊
出身	軍校九步	略歷	連營團長

部別	暫二二師	級職	上校參謀長
姓名		別號	
生年月日		籍貫	
出身		略歷	

部別	第六〇軍	級職	中將軍長
姓名	曾澤生	別號	
生年月日	前 10/2/1	籍貫	雲南永善
出身	雲南講十八步	略歷	營團師軍長

部別	第六〇軍	級職	少將副軍長
姓名	楊炳麟	別號	友竹
生年月日	前 3/3/18	籍貫	雲南祥雲
出身	雲南講十六步	略歷	營團旅師長 參謀長

部別	第六〇軍	級職	少將參謀長
姓名	徐樹民	別號	
生年月日	民 2/2/12	籍貫	雲南嵩山
出身	北方軍校二步 陸大十六	略歷	連長課長參謀 團長副師長

部別	一八二師	級職	少將師長
姓名	白肇學	別號	
生年月日	前 9/10/1	籍貫	雲南宣威
出身	軍校三步	略歷	營團長副師長

部別	一八二師	級職	上校副師長
姓名	舒秉權	別號	衡三
生年月日	民 1/7/11	籍貫	雲南馬關
出身	六軍分校七步 步校校官班	略歷	連營團長

部別	一八二師	級職	上校參謀長
姓名	楊正隆	別號	正農
生年月日	前 12/11/20	籍貫	雲南會澤
出身	陸大十三	略歷	連長教官 主任教育長

部別	一八四師	級職	少將代師長
姓名	楊朝綸	別號	靖宇
生年月日	前 5/1/10	籍貫	雲南祥雲
出身	雲南講一九步	略歷	連營團長

部別	一八四師	級職	少將副師長
姓名	楊朝綸	別號	靖宇
生年月日	前 5/1/10	籍貫	雲南祥雲
出身	雲南講一九步	略歷	連營團長

部別	一八四師	級職	上校參謀長
姓名	劉國舉	別號	鼎卿
生年月日	前 2/7/23	籍貫	雲南祥雲
出身	雲南講一九步	略歷	連營長副團長 參謀主任

部別	暫二一師	級職	少將師長
姓名	隴耀	別號	
生年月日	前 2/1/1	籍貫	雲南昭通
出身	五軍分校一步	略歷	營團長副師長

部別	暫二一師	級職	上校副師長
姓名	任孝宗	別號	立本
生年月日	民 1/4/6	籍貫	雲南馬關
出身	五軍分校 學員班二	略歷	連營團長副師長

部別	暫二一師	級職	中校參謀長
姓名	趙徙雲	別號	
生年月日	民 4/7/17	籍貫	四川郫縣
出身	軍校十二步 陸大參四	略歷	連營長參謀主任

部別	暫五二師	級職	少將師長
姓名	李嵩	別號	
生年月日		籍貫	
出身		略歷	

部別	暫五二師	級職	上校副師長
姓名	歐陽午	別號	方中
生年月日	前 3/12/25	籍貫	湖南安仁
出身	軍校六步	略歷	營團長

部別	暫五二師	級職	上校參謀長
姓名	周江伯	別號	夢周
生年月日	民 7/10/10	籍貫	湖南湘鄉
出身	軍校十四步	略歷	連營長參謀主任

部別	暫五〇師	級職	少將師長
姓名	吳寶雲	別號	霈霖
生年月日	前 1/4/8	籍貫	遼寧瀋陽
出身	陸大十五	略歷	營團長 科處長司令
備考	該師歸第六兵團直接指揮		

部別	暫五〇師	級職	少將副師長
姓名	卿珪	別號	紹正
生年月日	前 7/7/9	籍貫	湖南武崗
出身	軍校四步	略歷	營團長副師長

部別	暫五〇師	級職	上校參謀長
姓名	唐策時	別號	
生年月日	民 3/8/26	籍貫	四川巴縣
出身	軍三分校二步	略歷	連營長 大隊長參謀

第七兵團所屬師參謀長以上簡歷冊

部別	司令部	級職	中將代司令官
姓名	劉安祺	別號	
生年月日		籍貫	
出身		略歷	

部別	司令部	級職	中將副司令官
姓名	劉安祺	別號	
生年月日		籍貫	
出身		略歷	

部別	司令部	級職	參謀長
姓名		別號	
生年月日		籍貫	
出身		略歷	

部別	第七一軍	級職	少將軍長
姓名	劉安祺	別號	壽如
生年月日	前 9/6/7	籍貫	山東嶧縣
出身	軍校三步 陸大將官班一	略歷	營團旅師長主任

部別	第七一軍	級職	中將副軍長
姓名	陳泰運	別號	
生年月日	前 13/1/10	籍貫	貴州貴定
出身	軍校一步	略歷	營團旅長副師長

部別	第七一軍	級職	少將副軍長
姓名	向鳳武	別號	東樓
生年月日	前 10/11/25	籍貫	湖南龍山
出身	軍校四步	略歷	營團旅師長司令

部別	第七一軍	級職	少將參謀長
姓名	劉寶亮	別號	鼎光
生年月日	民 1/1/27	籍貫	河北慶雲
出身	東北講九步 陸大十三	略歷	營長處長 參謀主任團長

部別	八七師	級職	少將師長
姓名	熊新民	別號	雲程
生年月日	前 6/2/7	籍貫	湖南桃源
出身	軍校六步	略歷	營團長副師長

部別	八七師	級職	少將副師長
姓名	楊文榜	別號	文光
生年月日	前 7/12/27	籍貫	湖南寧鄉
出身	軍三分校	略歷	營隊團長 高參司令總隊長

部別	八七師	級職	上校參謀長
姓名	王多年	別號	
生年月日	民 2/10/20	籍貫	安徽鳳城
出身	軍校十步 陸大十八	略歷	連長參謀團長

部別	八八師	級職	少將師長
姓名	彭鍔	別號	健簹
生年月日	前 1/3/4	籍貫	湖南湘鄉
出身	軍校六步	略歷	營團長副師長

部別	八八師	級職	上校副師長
姓名	黃文徽	別號	翊新
生年月日	前 4/11/14	籍貫	湖南湘陰
出身	軍校六砲	略歷	連營團長 參謀主任

部別	八八師	級職	上校參謀長
姓名	趙化龍	別號	家珊
生年月日	前 2/6/5	籍貫	湖北潛江
出身	武漢軍分校七工	略歷	營團長處長

部別	九一師	級職	少將師長
姓名	戴海容	別號	函之
生年月日	民 1/9/16	籍貫	湖北天門
出身	軍校七步	略歷	營團長副師長

部別	九一師	級職	上校副師長
姓名	馬鶴峯	別號	獻民
生年月日	前 3/3/23	籍貫	湖北黃安
出身	軍校七工	略歷	營團長副師長

部別	九一師	級職	上校參謀長
姓名	姚駕宇	別號	
生年月日	前 8/10/6	籍貫	湖南邵陽
出身	軍校六砲 陸砲專一	略歷	營團長 科處長主任

部別	新一軍	級職	中將軍長
姓名	潘裕昆	別號	孔希
生年月日	前 3/8/4	籍貫	湖南瀏陽
出身	軍校四步	略歷	營團師長

部別	新一軍	級職	少將副軍長
姓名	賈幼慧	別號	
生年月日	前 10/1/25	籍貫	陝西韓城
出身	美斯旦弗砲校	略歷	營團教育長 副軍長
備考	副軍長名義調陸軍訓練司令部服務		

部別	新一軍	級職	參謀長
姓名	劉德星	別號	
生年月日		籍貫	
出身		略歷	

部別	新三〇師	級職	少將師長
姓名	文小山	別號	小山
生年月日	前 6/10/5	籍貫	湖南沅江
出身	軍校六步 陸大十	略歷	營團長處長 參謀長副師長

部別	新三〇師	級職	上校副師長
姓名	楊毅	別號	銘裕
生年月日	前 4/3/7	籍貫	廣東惠陽
出身	軍校五步	略歷	連營團長

部別	新三〇師	級職	上校參謀長
姓名	唐泊三	別號	
生年月日	前 6/9/6	籍貫	湖南常寧
出身	軍校六工	略歷	營長團附教官

部別	第五〇師	級職	少將師長
姓名	楊溫	別號	伯和
生年月日	前 14/12/19	籍貫	廣東惠陽
出身	軍校三步粵分校高教班	略歷	營團長參謀長副師長

部別	第五〇師	級職	上校副師長
姓名	羅錫疇	別號	鐵夫
生年月日	前 6/1/6	籍貫	湖南湘鄉
出身	軍校七步	略歷	參謀營團長

部別	第五〇師	級職	參謀長
姓名		別號	
生年月日		籍貫	
出身		略歷	

部別	暫五三師	級職	少將師長
姓名	許賡揚	別號	贊堯
生年月日	前 5/10/10	籍貫	吉林伊通
出身	東北講六步	略歷	營團長參謀長局長司令

部別	暫五三師	級職	少將副師長
姓名	謝樹輝	別號	眾城
生年月日	前 6/6/26	籍貫	四川簡陽
出身	軍校六砲	略歷	連營團長副師長

部別	暫五三師	級職	上校參謀長
姓名	徐繼章	別號	維喬
生年月日	前 4/4/3	籍貫	遼寧遼陽
出身	東北講六步	略歷	部附參謀長科長副司令

部別	新七軍	級職	少將軍長
姓名	李鴻	別號	健飛
生年月日	前 6/11/7	籍貫	湖南湘陰
出身	軍校五步	略歷	營團長教育長 師長副軍長

部別	新七軍	級職	副軍長
姓名		別號	
生年月日		籍貫	
出身		略歷	

部別	新七軍	級職	少將參謀長
姓名	張炳言	別號	文秀
生年月日	前 4/11/9	籍貫	遼寧台安
出身	東北講一〇砲 陸大特六	略歷	連隊長教官參謀 參謀處長

部別	新三八師	級職	少將師長
姓名	史說	別號	省之
生年月日	前 1/8/7	籍貫	浙江富陽
出身	軍校六通 陸大十	略歷	教官課處長 參謀長

部別	新三八師	級職	少將副師長
姓名	陳鳴人	別號	柏琴
生年月日	前 4/9/28	籍貫	江蘇金山
出身	中央教導隊工科	略歷	連營團長

部別	新三八師	級職	上校參謀長
姓名	龍國鈞	別號	澤庶
生年月日	前 4/5/30	籍貫	湖南長沙
出身	軍校六 陸大十七	略歷	營團課長 副參謀長

部別	暫五六師	級職	少將師長
姓名	劉德溥	別號	遼寧瀋陽
生年月日	前 2/2/9	籍貫	
出身	東北講十騎 日北騎校	略歷	團師長 司令總隊長

部別	暫五六師	級職	上校副師長
姓名	田鍾千	別號	遼寧瀋陽
生年月日	前 3/5/16	籍貫	
出身	東北講十步 日本步兵學校	略歷	營長課長副司令

部別	暫五六師	級職	中校參謀長
姓名	鄭顯	別號	吉林農安
生年月日	民 5/9/27	籍貫	
出身	陸軍訓練處二騎 日本士官三一騎	略歷	連長教官參謀長

部別	暫六一師	級職	少將師長
姓名	鄧士富	別號	步塵
生年月日	前 10/2/24	籍貫	廣東梅縣
出身	軍校二步 高教班	略歷	營團旅長

部別	暫六一師	級職	少將副師長
姓名	甯偉	別號	錦文
生年月日	前 2/6/6	籍貫	湖南邵陽
出身	軍校七步	略歷	連營長參謀長 副司令
備考	尚未到差		

部別	暫六一師	級職	參謀長
姓名		別號	
生年月日		籍貫	
出身		略歷	

第八兵團所屬師參謀長以上簡歷冊

部別	司令部	級職	中將司令官
姓名	周福成	別號	全五
生年月日	前 10/10/13	籍貫	遼寧遼陽
出身	保軍九步 陸大將官班二	略歷	營團師軍長

部別	司令部	級職	中將兼副司令官
姓名	覃異之	別號	
生年月日		籍貫	
出身		略歷	

部別	司令部	級職	少將參謀長
姓名	姜漢卿	別號	漢卿
生年月日	前 1/8/28	籍貫	浙江衢縣
出身	東北講十砲 陸大十四砲	略歷	營團長司令處長

部別	第五三軍	級職	中將兼軍長
姓名	周福成	別號	全五
生年月日	前 10/10/13	籍貫	遼寧遼陽
出身	保軍九步 陸大將官班二	略歷	營團師軍長

部別	第五三軍	級職	少將副軍長
姓名	趙鎮藩	別號	國屏
生年月日	前 9/3/12	籍貫	松江肇東
出身	東北講四步 陸大七	略歷	營團旅師長 參謀長

部別	第五三軍	級職	少將參謀長
姓名	郭業儒	別號	育斌
生年月日	前 1/1/23	籍貫	遼寧綏中
出身	東北講八步 陸大十五	略歷	營團長處長 參謀長

部別	一三〇師	級職	少將師長
姓名	王理寰	別號	
生年月日	前 12/5/5	籍貫	遼寧遼陽
出身	東北講七步	略歷	營團旅長 副師長參謀長

部別	一三〇師	級職	少將副師長
姓名	張儒彬	別號	亞權
生年月日	前 7/6/18	籍貫	遼寧新民
出身	東北講四步	略歷	營團處長

部別	一三〇師	級職	上校參謀長
姓名	谷振寰	別號	
生年月日	民 1/2/13	籍貫	遼寧遼陽
出身	東北講八騎 陸大西南參班八	略歷	團長參謀長

部別	暫三〇師	級職	少將師長
姓名	劉德浴	別號	滌心
生年月日	前 10/5/17	籍貫	遼寧遼中
出身	東北講四步 陸大八	略歷	營團長參謀長 副師長

部別	暫三〇師	級職	上校副師長
姓名	毛芝荃	別號	羽鵬
生年月日	前 9/2/7	籍貫	遼寧法庫
出身	東北講十一步 軍校高教班二	略歷	連營團長

部別	暫三〇師	級職	上校參謀長
姓名	李常清	別號	香久
生年月日	前 6/8/17	籍貫	河北河間
出身	東北講九步	略歷	連營長 參謀副團長

部別	暫六〇師	級職	少將師長
姓名	陳膺華	別號	
生年月日	民 2/12/2	籍貫	湖南邵陽
出身	軍校八步	略歷	營團長處長 主任司令

部別	暫六〇師	級職	少將副師長
姓名	羅先致	別號	
生年月日	前 5/6/4	籍貫	福建連城
出身	軍校七砲 砲校一一	略歷	營團長 副師長師長

部別	暫六〇師	級職	上校副師長
姓名	鄭滌國	別號	湯新
生年月日	前 6/5/9	籍貫	湖南石門
出身	軍校五步 步校校官班	略歷	營團長

部別	暫六〇師	級職	上校參謀長
姓名	趙照	別號	
生年月日	前 8/3/28	籍貫	湖南邵陽
出身	軍校四工	略歷	營團長參謀長

部別	五二軍	級職	中將軍長
姓名	覃異之	別號	
生年月日		籍貫	
出身		略歷	

部別	五二軍	級職	少將副軍長
姓名	劉玉章	別號	麟生
生年月日	前 9/11/2	籍貫	陝西興平
出身	軍校四步	略歷	營團師長

部別	五二軍	級職	少將參謀長
姓名		別號	
生年月日		籍貫	
出身		略歷	

部別	第二師	級職	少將師長
姓名	平爾鳴	別號	德言
生年月日	前 8/9/12	籍貫	陝西興平
出身	軍校四步	略歷	連營團長副師長

部別	第二師	級職	少將副師長
姓名	李運成	別號	湖南長沙
生年月日	前 2/8/1	籍貫	
出身	軍校六步	略歷	連營長處長團長

部別	第二師	級職	中校參謀長
姓名	楊敬斌	別號	湖南岳陽
生年月日	民 10/4/22	籍貫	
出身	軍校十七步	略歷	排連長參謀

部別	二五師	級職	少將師長
姓名	胡晉生	別號	湖南常德
生年月日	前 6/8/15	籍貫	
出身	軍校五步	略歷	營團長處長副師長

部別	二五師	級職	少將副師長
姓名	羅宇衡	別號	湖南桃源
生年月日	前 5/12/8	籍貫	
出身	軍校四步	略歷	連營長科處長團長

部別	二五師	級職	少將副師長
姓名	廖傳樞	別號	百亨
生年月日	前 2/3/12	籍貫	安徽鳳台
出身	軍校六砲砲校校尉班一	略歷	團長處長參謀長

部別	二五師	級職	參謀長
姓名		別號	
生年月日		籍貫	
出身		略歷	

部別	暫五八師	級職	少將師長
姓名	王家善	別號	積之
生年月日	前 6/9/12	籍貫	松江巴彥
出身	日士官校日陸大	略歷	旅長參謀長司令

部別	暫五八師	級職	上校副師長
姓名	唐仕林	別號	有普
生年月日	前 5/9/5	籍貫	湖南東安
出身	軍訓團二步	略歷	連營團長

部別	暫五八師	級職	上校副師長
姓名	文雨辰	別號	震一
生年月日	前 4/8/14	籍貫	江西萍鄉
出身	軍校七步 日士官二六騎	略歷	連長參謀 科員團長

部別	暫五八師	級職	上校參謀長
姓名		別號	
生年月日		籍貫	
出身		略歷	

第九兵團所屬師參謀長以上簡歷冊

部別	司令部	級職	中將司令官
姓名	廖耀湘	別號	
生年月日	前 6/4/24	籍貫	湖南邵陽
出身	軍校六騎 法國士官校	略歷	營團師軍長

部別	司令部	級職	中將副司令官
姓名	舒適存	別號	
生年月日	前 8	籍貫	湖南平江
出身	陸大特二	略歷	營團師長副軍長

部別	司令部	級職	少將參謀長
姓名	楊焜	別號	懷白
生年月日	前 6/12/25	籍貫	湖南邵陽
出身	軍校高教班 陸大九	略歷	團旅長 參謀長副師長

部別	新六軍	級職	中將軍長
姓名	李濤	別號	滌吾
生年月日	前 7/1/15	籍貫	湖南邵陽
出身	軍校六砲 陸大十	略歷	營長團附處長 參謀長師長

部別	新六軍	級職	少將副軍長
姓名	鄭庭笈	別號	重生
生年月日	前 6/3/12	籍貫	廣東文昌
出身	軍校五步 陸大將官班二	略歷	營團師長

部別	新六軍	級職	少將參謀長
姓名	丁一安	別號	
生年月日		籍貫	湖南
出身	軍校六 陸大十四	略歷	團長師軍參謀長

部別	新二二師	級職	上校代師長
姓名	羅英	別號	
生年月日	前 6/11/7	籍貫	湖南華容
出身	軍校八步	略歷	營團長副師長

部別	新二二師	級職	上校副師長
姓名		別號	
生年月日		籍貫	
出身		略歷	

部別	新二二師	級職	上校參謀長
姓名	黃春城	別號	黃濤
生年月日	前 7/10/25	籍貫	湖南邵陽
出身	軍校六砲	略歷	連處長副團長

部別	一六九師	級職	少將兼師長
姓名	鄭庭笈	別號	重生
生年月日	前 6/3/12	籍貫	廣東文昌
出身	軍校五步 陸大將官班二	略歷	營團師長

部別	一六九師	級職	少將副師長
姓名	何際元	別號	印三
生年月日	前 3/2/21	籍貫	湖南寧鄉
出身	軍校五步	略歷	營團長參謀 總隊長副師長

部別	一六九師	級職	上校參謀長
姓名	漆樹	別號	沛然
生年月日	前 5/6/2	籍貫	湖北沼陽
出身	軍校七步 陸大將官班二	略歷	營團長處長 參謀長

部別	暫六二師	級職	師長
姓名	劉梓皋	別號	力行
生年月日	民 3/8/14	籍貫	湖南安鄉
出身	洛軍分校四步 步校教官班一五	略歷	營團長參謀 課長副師長

部別	暫六二師	級職	少將副師長
姓名	程雁飛	別號	維新
生年月日	前 12/7/17	籍貫	浙江台州
出身	軍校六步 法戰車校	略歷	營團長 副師長高參

部別	暫六二師	級職	上校參謀長
姓名	李珍	別號	芳寰
生年月日	前 1/11/14	籍貫	湖南永興
出身	軍校一二砲砲校校尉班三	略歷	營團長

部別	二〇七師	級職	少將師長
姓名	羅又倫	別號	思楊
生年月日	前 2/12/17	籍貫	廣東梅縣
出身	軍校七騎陸大十五	略歷	隊長參謀長團師長

部別	二〇七師	級職	少將副師長
姓名	趙霞	別號	湘艇
生年月日	前 4/4/28	籍貫	湖南沅江
出身	軍校六步	略歷	營團長處長副師長

部別	二〇七師	級職	上校參謀長
姓名	龐宗儀	別號	宗儀
生年月日	民 1/6/6	籍貫	河北豐潤
出身	軍校八通陸大持五	略歷	營團長科處長參謀長

部別	第一旅	級職	少將旅長
姓名	陳大雲	別號	天翼
生年月日	前 2/1/5	籍貫	四川眉山
出身	軍校八步陸大十五	略歷	營團長參謀長

部別	第一旅	級職	上校副旅長
姓名	李定一	別號	定遠
生年月日	民 4/10/7	籍貫	湖南永興
出身	軍校十一步	略歷	連營長

部別	第一旅	級職	上校參謀長
姓名	張片帆	別號	信
生年月日	民 2/1/1	籍貫	福建南安
出身	軍校十騎	略歷	營長副團長

部別	新三軍	級職	中將軍長
姓名	龍天武	別號	嘯雲
生年月日	前 6/6/7	籍貫	湖南石門
出身	軍校五砲 高教班四	略歷	營團長副師長

部別	新三軍	級職	副軍長
姓名		別號	
生年月日		籍貫	
出身		略歷	

部別	新三軍	級職	少將參謀長
姓名	梁鐵豹	別號	
生年月日	前 6/4/19	籍貫	湖南乘陽
出身	廣東講 軍校高教班七	略歷	營團長參謀長

部別	第十四師	級職	少將師長
姓名	許穎	別號	紹雲
生年月日	前 9/9/28	籍貫	河北沔陽
出身	軍校六砲	略歷	營團長副師長

部別	第十四師	級職	少將副師長
姓名	梁直平	別號	
生年月日	前 4/1/10	籍貫	湖南靖縣
出身	步校	略歷	連營長分隊長 副師長

部別	第十四師	級職	上校副師長
姓名	張羽仙	別號	
生年月日	前 1/11/15	籍貫	湖南零陵
出身	軍校軍訓班六	略歷	營長副團長 參謀主任

部別	第十四師	級職	參謀長
姓名	汪豹燊	別號	
生年月日		籍貫	
出身		略歷	

部別	暫五九師	級職	少將師長
姓名	鮑步超	別號	從漢
生年月日	前 4/1/13	籍貫	浙江遂安
出身	軍校六步	略歷	營團長 總隊支隊長 副師長旅長

部別	暫五九師	級職	少將副師長
姓名	陳開新	別號	紀元
生年月日	前 6/2/5	籍貫	遼寧北鎮
出身	東北講七步	略歷	營團長處長高參

部別	暫五九師	級職	上校副師長
姓名	李平	別號	慧嚴
生年月日	前 6/1/2	籍貫	湖南湘鄉
出身	軍校軍訓班七	略歷	連營團長

部別	暫五九師	級職	上校參謀長
姓名		別號	
生年月日		籍貫	
出身		略歷	

部別	五四師	級職	少將師長
姓名	宋邦緯	別號	希武
生年月日	前 4/3/21	籍貫	安徽合肥
出身	軍校六砲 步校一	略歷	營長參謀主任 團長

部別	五四師	級職	副師長
姓名		別號	
生年月日		籍貫	
出身		略歷	

部別	五四師	級職	上校參謀長
姓名	楊靜之	別號	安定
生年月日	民 2/1/10	籍貫	河北陽武
出身	軍校九步 陸大參三	略歷	連營長大隊長 參謀主任

新五軍師參謀長以上簡歷冊

部別	司令部	級職	少將軍長
姓名	陳林達	別號	兼善
生年月日	前 8/5/23	籍貫	湖南湘潭
出身	軍校四步	略歷	

部別	司令部	級職	副軍長
姓名		別號	
生年月日		籍貫	
出身		略歷	

部別	司令部	級職	少將參謀長
姓名	黃瀚英	別號	
生年月日		籍貫	
出身		略歷	

部別	一九五師	級職	少將師長
姓名	謝代蒸	別號	
生年月日	前 4/11/2	籍貫	湖南永豐
出身	軍校六步	略歷	營團長副師長

部別	一九五師	級職	少將副師長
姓名	尹先甲	別號	維邦
生年月日	前 5/2/11	籍貫	湖南沅陵
出身	軍校五步	略歷	營團長參謀長

部別	一九五師	級職	上校參謀長
姓名	孫光榮	別號	
生年月日	民 3/9/16	籍貫	安徽懷寧
出身	軍校十步	略歷	連營長副團長

部別	暫五四師	級職	少將師長
姓名	馬徹	別號	革戈
生年月日	前 4/5/20	籍貫	廣東廉江
出身	軍校六砲	略歷	連營團長 高參師長

部別	暫五四師	級職	少將副師長
姓名	張麟閣	別號	仲達
生年月日	前 4/12/14	籍貫	遼北開原
出身	陸大十七	略歷	連長參謀課處長高參

部別	暫五四師	級職	上校參謀長
姓名	楊褐濤	別號	正平
生年月日	民 1/8/28	籍貫	河北深縣
出身	軍校九交	略歷	連營長參謀長

第四九軍師參謀長以上簡歷冊

部別	司令部	級職	中將軍長
姓名	王鐵漢	別號	
生年月日	前 7/12/6	籍貫	遼寧盤山
出身	東北講四步陸大特二	略歷	營團師軍長參謀長

部別	司令部	級職	中將副軍長
姓名	王克俊	別號	傑夫
生年月日	前 9/6/21	籍貫	四川岳池
出身	軍校高教班三	略歷	營團旅師長副軍長

部別	司令部	級職	中將副軍長
姓名	應鴻綸	別號	秩經
生年月日	前 15/9/28	籍貫	遼寧遼陽
出身	保軍校九步日步專校	略歷	參謀長團旅師長副軍長

部別	司令部	級職	少將參謀長
姓名	朱俊德	別號	明成
生年月日	前 1/2/7	籍貫	安徽定遠
出身	軍校八步陸大十五	略歷	課長團長參謀長副旅長

部別	第二六師	級職	少將師長
姓名	張越群	別號	
生年月日	前 3/11/22	籍貫	安徽合肥
出身	軍校六步 步校校班	略歷	營團隊長副師長 旅長
備考	國防部戌養 3958 號奉准		

部別	第二六師	級職	上校副師長
姓名	魏蓬林	別號	仙州
生年月日	前 6/11/24	籍貫	山東陽穀
出身	軍校六	略歷	連營長參謀主任 隊團長副旅師長

部別	第二六師	級職	上校參謀長
姓名	郭明德	別號	
生年月日	前 1/5/24	籍貫	江蘇如皋
出身	軍校一〇砲	略歷	連營團長科長 副參謀長

部別	第七九師	級職	少將師長
姓名	文禮	別號	國革
生年月日	前 7/9/17	籍貫	湖南醴陵
出身	軍校五步	略歷	營團旅師長

部別	第七九師	級職	少將副師長
姓名	李佛態	別號	階平
生年月日	前 10/4/1	籍貫	四川銅梁
出身	軍校五砲	略歷	營團長處長 副師長

部別	第七九師	級職	上校副師長
姓名	朱啟宇	別號	
生年月日	前 2/11/18	籍貫	福建莆田
出身	日士官二八步 陸大十七	略歷	營長參謀課長 參謀長副旅長

部別	第七九師	級職	上校參謀長
姓名	王中	別號	
生年月日	民 1/10/4	籍貫	河南固始
出身	軍校八砲 砲校學員隊三	略歷	連營隊長科長 參謀長

部別	暫五五師	級職	少將師長
姓名	王天任	別號	
生年月日	前 3/4/16	籍貫	遼寧遼陽
出身	日本士官二一步 陸大特六	略歷	營團長參謀長 副司令副軍長 高參

部別	暫五五師	級職	少將副師長
姓名	羅莘求	別號	
生年月日		籍貫	
出身		略歷	

部別	暫五五師	級職	上校參謀長
姓名	梁雄飛	別號	
生年月日	民 2/10/6	籍貫	安東臨江
出身	軍校九步	略歷	教官隊長 營團長參謀

第九四軍四三師師參謀長以上簡歷冊

部別	九四軍四三師	級職	師長
姓名	留光天	別號	
生年月日		籍貫	
出身		略歷	
備考	現歸九二軍指揮		

部別	九四軍四三師	級職	副師長
姓名		別號	
生年月日		籍貫	
出身		略歷	

部別	九四軍四三師	級職	參謀長
姓名		別號	
生年月日		籍貫	
出身		略歷	

騎兵司令部所屬參謀長以上簡歷冊

部別	司令部	級職	中將司令
姓名	徐梁	別號	任之
生年月日		籍貫	
出身		略歷	

部別	司令部	級職	中將副司令
姓名	王照堃	別號	
生年月日	前 14/5/8	籍貫	遼寧法庫
出身	參戰教導團騎 東北講五砲	略歷	團長參謀長 師長副軍長

部別	司令部	級職	少將參謀長
姓名	關邦傑	別號	
生年月日	前 11/7/23	籍貫	遼寧瀋陽
出身	東北講一一步 陸大一六	略歷	課處長團長 副師長

松北綏靖總司令部正副主官簡歷冊

部別	司令部	級職	中將總司令
姓名	馬占山	別號	秀芳
生年月日	前 27/11/24	籍貫	黑龍江海倫
出身	東北講三步	略歷	營團軍長總司令 副司令長官主席

部別	司令部	級職	副總司令
姓名		別號	
生年月日		籍貫	
出身		略歷	

部別	司令部	級職	中將參謀長
姓名	范玉書	別號	
生年月日	前 10	籍貫	遼寧瀋陽
出身	東北講五 陸大八	略歷	營團長副師長 教育長副參謀長

瀋陽防守司令部正副主官簡歷冊

部別	司令部	級職	中將司令官
姓名	楚溪春	別號	晴波
生年月日	前 16	籍貫	河北蠡縣
出身	保定五步 陸大特三	略歷	營團隊旅師長 參謀長司令

部別	司令部	級職	中將副司令官
姓名	石祖黃	別號	
生年月日		籍貫	
出身		略歷	

部別	司令部	級職	少將副司令官
姓名	彭璧生	別號	
生年月日	前 3/1/16	籍貫	湖南藍山
出身	軍校七步 陸大一〇	略歷	營團師長參謀長 副軍長司令

部別	司令部	級職	少將參謀長
姓名	黃炳寰	別號	
生年月日	前 7/3/13	籍貫	遼北開原
出身	東北講六 陸大十五	略歷	連隊團長高參 處長副司令

東北各獨立團隊主官簡歷冊

部別	砲七團	級職	少將團長
姓名	林日藩	別號	
生年月日	前 12/12/18	籍貫	廣東文昌
出身	日士官二二砲 陸大特六	略歷	教官團附營團長 參謀長

部別	砲十二團	級職	少將團長
姓名	杜顯信	別號	豸男
生年月日	前 3/4/27	籍貫	遼寧蓋平
出身	陸大十一	略歷	營團長 司令指揮官

部別	砲十六團	級職	上校團長
姓名	藍守青	別號	靜子
生年月日	前 7/9/3	籍貫	廣東梅縣
出身	軍校七砲 砲校校官班二	略歷	營團長參謀教官 大隊長

部別	重迫砲十一團	級職	中校團長
姓名	睢魯	別號	友參
生年月日	民 1/9/4	籍貫	山西天鎮
出身	軍校十二特	略歷	區隊長營長 副團長

部別	工十團	級職	上校團長
姓名	鄒浩生	別號	樂英
生年月日	前 2/7/2	籍貫	江西信豐
出身	軍校七工 工校普二	略歷	營長副團長

部別	工十二團	級職	上校團長
姓名	王潤璋	別號	錫圭
生年月日	前 1/12/24	籍貫	雲南鄧川
出身	雲南講十九步 工校普二	略歷	營長副團長 研究員

部別	輜汽十七團	級職	上校團長
姓名	楊晏舟	別號	
生年月日		籍貫	
出身	軍校八輜	略歷	連營團長

部別	輜汽二十五團	級職	少將團長
姓名	王偉耀	別號	
生年月日	民 2/10/21	籍貫	浙江義烏
出身	軍校六交 美戰術研究班	略歷	連營長 副團長團長

部別	通信兵第六團	級職	少將團長
姓名	胡碧華	別號	弼華
生年月日	前 6/5/27	籍貫	浙江仙居
出身	軍校六通 陸大一〇	略歷	營長副團長 參謀長副師長 副署長

部別	通信兵第九團	級職	團長
姓名	聶英	別號	
生年月日		籍貫	
出身		略歷	

部別	裝甲兵團	級職	上校團長
姓名	鮑薰南	別號	
生年月日	民 1/2/16	籍貫	山東壽光
出身	軍校九交 輜校戰術班	略歷	連營長副團長

部別	鐵甲車第三大隊	級職	中校大隊長
姓名	徐士廉	別號	叔清
生年月日	前 7/1/14	籍貫	山東高密
出身	東北講九砲	略歷	連營長處長參議

部別	憲兵第六團	級職	上校團長
姓名	沙靖	別號	
生年月日		籍貫	
出身		略歷	

部別	憲兵教導二團	級職	上校團長
姓名	王介艇	別號	
生年月日		籍貫	
出身		略歷	

二、三十六年秋中長路北寧路會戰戰鬥經過概要

三十六年十一月二十五日於第三處第一科

一、作戰起因

　　奸匪企圖破壞交通，搶奪物資，打擊我野戰軍，妄圖控制整個東北之迷夢，於本（卅六）年九月間向我全面發動攻勢，我軍為維護交通，保障民生，不得已乃被迫而應戰。

二、作戰態勢

　　匪據外線，我據內線。

三、戰鬥方式

　　大部為山地戰，一部為平原戰。

四、匪我後方交通狀況

　　利用鐵道、公路、縣路，匪我後方交通均便利。

五、作戰前匪我態勢

　　如附圖一。

六、匪我參戰部隊及兵力比較

　　如附表一。

七、作戰日期

　　自卅六年九月六日起至同年十一月十八日止，共七十四天。

八、戰鬥經過

甲、第一期

（自卅六年九月六日至同月二十五日止）

子、遼西方面

（一）北寧路掃蕩戰

1. 本轅為擴展北寧路走廊，掩護秋收，肅清散匪，確保北寧路安全之目的。經於九月六日將九三軍之暫二二師及暫五〇師與保四支隊各主力，及九三軍之暫一八師一部，集中於錦西、綏中一帶地區，七日開始向鐵路以北地區作有限目標之掃蕩，十九日先後將沈家台、新台邊門、舊門及梨樹溝門之匪驅逐。

2. 匪十六旅、十七旅、十八旅、獨十三旅等部萬餘，連日由凌源、葉柏壽等地向六家子、藥王廟一帶集結，十三日集結完畢。

3. 我暫五〇師十四日以兩縱隊分由杜家屯、梨樹溝門向藥王廟匪十六旅、十七旅、十八旅、獨十三旅等部攻擊，與匪激戰至十五日，因匪我眾寡懸殊，傷亡過大，乃撤至寬邦附近地區整頓，如附圖二。

（二）楊家杖子暫二二師主力戰鬥經過

九月十四日晨我暫二二師主力由新台邊門向香龍山掃蕩，與匪四千餘遭遇，激

戰至十一時被迫撤退新台邊門，十五日晨匪向我暫二二師主力猛攻，第一兵團（後改為第六兵團）孫司令官渡為免該師遇事犧牲計，經令轉移楊家杖子固守待援，第該師撤退時機過遲，掩護未達所要時間，致於撤至楊家杖子時立足未穩，匪萬餘人即跟踪而至，並將四週高地佔領，苦戰徹夜，至十六日該師主力被匪擊破突圍，如附圖三。

（三）楊家杖子四九軍戰鬥經過

孫司令官為策應暫二二師之作戰，令四九軍之一〇五師、七九師兩師於十六、十七兩日由錦州經江家屯向楊家杖子夾擊圍犯暫二二師主力匪軍，十八、十九兩日將楊家杖子附近之匪肅清，匪大部向新台邊門方面回竄，二十日匪糾集六個旅之眾集結於楊家杖子外圍，二十一日上午匪向我四九軍之一〇五師、七九師兩部陣地猛撲，戰至黃昏，我一〇五師陣地被匪突破，匪我繼續鏖戰至二十二日二三時四十分，四九軍王軍長鐵漢鑒於全軍傷亡過大，決心集中全軍力量向老爺嶺逆襲，當時因部隊混戰，失去掌握，遂演成突圍戰，二五日我四九軍王軍長鐵漢、朱參謀長俊德、七九師文師長禮均返錦州，並分在錦西、興城收容，如附圖四。

乙、第二期

（自卅六年九月二八日起至同年十一月十八日止）

子、遼西方面

（一）北寧路興（城）榆（關）段鐵路被匪破壞經過

奸匪企圖先截斷北寧路，阻止我出關部隊，匪第九縱隊二萬餘於九月二八日夜向我興城迄山海關段鐵路沿線護路部隊猛襲，先後除興城、綏中兩地在我暫十八師、暫六十師、暫五十師各部堅守下，與進犯之匪激戰外，其餘之沿線護路部隊均以兵力單薄，在匪圍攻下殉職，匪遂發動民工數萬將沿線站房、橋梁、電信均澈底破壞，如附圖五。

（二）新民北腰高台子戰鬥經過

1. 匪第八縱隊主力八千餘於十月二日突向新民進犯，十七時許在巨流河、腰高台子各地與我包善一部激戰，並竄佔腰高台子。

2. 本轅為擊破匪第七縱隊主力，確保北寧路交通，穩固瀋陽計，當將錦州新六軍之新二二師車運新民，該師先頭一部於十月二日十七時到達新民下車後即向腰高台子馳援，十八時於腰高台子以南地區與匪遭遇，經我猛勇反擊，當攻克腰高台子附近高地，匪仍不斷反撲，戰鬥

異常激烈，旋我新二二師之六四團第三
營趕到增援，向匪猛擊，將匪擊潰，收
復腰高台子，殘匪北竄，形勢乃趨穩
定，如附圖六。

（三）黑山九二軍戰鬥經過

九二軍軍長侯鏡如率二一師、四三師、
五四師於九月二八日出關，迄十月十
日，除二一師留錦州外，率五四師、
四三師兩部向大虎山集中，十一日於黑
山、大虎山間地區，當經我四三師、
五四師將匪包圍，激戰至午，將匪擊
潰，計斃傷匪二千餘，俘匪三百餘，殘
匪向北逃竄，如附圖七。

（四）彰武新立屯新秋戰鬥經過

1. 匪第七縱隊萬餘十月六日向彰武圍攻，
我守軍暫五七師一個團與匪激戰至七日，
因傷亡過大突圍，彰武遂被匪攻陷。

2. 匪陷彰武後，十月九日續向新立屯包圍
猛攻，我暫五七師主力與匪猛烈激戰後
突圍。

3. 十月十一日晨匪第七縱隊以一部竄據黑
山縣，其主力向新秋進犯，我守軍暫
五一師師長唐保黃率該師之一個團與匪
激戰至十七日，師長唐保黃負傷被俘遭
慘殺，團長以下官兵大部犧牲，餘部
五百餘轉至新阜新收容，匪並向老阜新

進犯，礦廠一部亦被破壞，如附圖八。

（五）義縣戰鬥經過

1. 匪第八縱隊十月十五日夜以一部向錦義
段鐵路線我守軍猛襲，七里河子、上下
齊台、薛家、二道河子間鐵路、站房、橋
樑均被破壞，同時匪第八縱隊一六旅、
一七旅竄至義縣附近，十月十六日三時向
我義縣城西南郊陣地猛犯，我九三軍軍長
盧濬泉率該軍直屬部隊及暫二二師之一個
團憑藉堅強工事與來犯之匪激戰於義縣城
之西南郊，在優勢匪軍猛烈砲擊與蜂踴猛
衝之下，奮勇迎擊持續三晝夜，予匪軍大
傷亡，十月十八日匪不得逞向西北竄去，
如附圖九。

（六）北寧路戰鬥經過

匪第八縱隊竄犯義縣不逞，於十月十八
日乃以大吃小戰法向北票進犯，企圖佔
領北票，解決我守軍，自十月十九日起
匪第八縱隊以全力向北票猛攻，我守軍
暫二〇師之三團官兵忠勇奮發，與匪晝
夜激戰兼旬，迄十一月二日匪勢稍挫後
撤，北票迄仍在固守中，如附圖十。

（七）義縣西北九關台門戰鬥經過

1. 本轅為解北票之圍，令九二軍軍長侯鏡
如率二一師、四三師兩師於十月二六、
二七兩日先後由錦州向義縣前進，十月

二八日全部到達義縣，十月二九日到達
九關台門附近地區，十月卅日於原地向
西、北、南三面行廣正面之搜索掃蕩並
構工。

2. 匪第八縱隊、第九縱隊十一月一日夜三
時起向我九二軍陣地全面猛攻，匪我激
戰迄十一月二日七時，我陣地大部被匪
突破，匪我傷亡均重，十二時我九二軍
分兩縱隊向義縣轉進，十七時到達義縣
附近。

3. 我二一師師長郭惠蒼、副師長李傳宗、
參謀長紀鵬、六三團團長賴楊安率部千
餘掩護部隊轉進，被匪萬餘包圍於萬佛
堂以西地區，該四員均壯烈自殺殉職，
如附圖十一。

（八）彰武康平戰鬥經過

1. 匪第七縱隊於十一月一、二兩日將新民、
大虎山間地區鐵路橋樑破壞，本轅為確
保北寧路之安全，經令暫三軍一九五
師、七九師及二〇七師一個團於十一月
二、三兩日分由開原、撫順等地向新民
集結，十一月四日集結完畢，同日分別
向北攻擊，並令五四師由新立屯向東北
攻擊，我一九五師於十一月五日攻克彰
武，十一月六日我暫三軍及一九五師將
匪第七縱隊主力包圍於彰武西北地區，

十一月七日我縮小包圍向匪猛攻，激戰至晚，並空軍助戰，斃傷匪七千餘，生俘五百餘，將匪第七縱隊主力全部擊潰，殘匪向北逃竄，我軍乘勢跟蹤追擊掃蕩，迄十一月十四日，進至賓圖王府以北及彰武東哈拉沁屯各附近地區後返回彰武。

2. 我暫六二師於十一月八日收復法庫，十一月十日收復康平，十一月十七日上午八時我暫六二師張團長率步兵兩個營向康平北大恒道河子匪十三團、十五團、二五團攻擊，與匪激戰至十五時，張團長負重傷殉職，並傷亡官兵二百餘，餘部撤至康平東南三台子附近，如附圖十二。

丑、遼南方面

（一）牛莊戰鬥經過

本轅為縮短防線，集結兵力，於十二月二日令駐海城、大石橋我守軍二五師各一個團分向營口、鞍山轉進，駐大石橋之二五師之七四團於十月三日由大石橋開到營口，四日該團向鞍山轉進歸建，十月五日行至牛莊附近遭匪第八縱隊主力五千餘截擊，與匪激戰至六日，因眾寡懸殊，突圍官兵傷亡泰半。

（二）營口戰鬥經過

匪第八縱隊主力於十月五日牛莊截擊我二五師之七四團，並以一部向營口攻擊，六日匪第八縱隊全部向營口猛攻，我守軍暫五八師與匪激戰迄十月十日，並海軍、空軍助戰，匪傷亡過重，攻勢頓挫後撤。

（三）大安平戰鬥經過

匪十一旅主力於十月二五日夜向大安平我守軍五二軍之二五師之一個營猛攻，匪我激戰迄十月二六日拂曉，我軍約傷亡三分之一突圍，牛莊營口大安平戰鬥經過如附圖十三。

寅、遼北方面

（一）開原戰鬥經過

1. 九月卅日夜匪第三縱隊、第四縱隊分向西堡、貂皮屯、開原前進，實行深入滲透，點點包圍，線線切斷，以大吃小戰法展開攻勢，我守軍五三軍為集結兵力，令駐西豐之一一六師一個團於十一月一日晨後撤，當被匪優勢之匪截擊於拐磨子附近，我一一六師主力與匪分別在頭營子、威遠堡門、馬市堡等地與匪激戰，該軍之一三〇師之三九〇團被優勢之匪截擊於貂皮屯、三花甸各地區，激戰迄十月二日晚，一一六師全部及

一三○之三九○團均連絡中斷，十月三
日該軍將一三○主力及駐昌圖之暫三○
師等全部集結新開原固守，十月四日匪
合圍開原，並攻佔中固，切斷鐵嶺、開
原間連絡。

2. 匪第一縱隊、第三縱隊及第四縱隊一部
自十月四日起至十月二三日止仍不斷晝
夜向我新開原猛攻，先後均經我五三軍
主力擊退，並於十月二四日十五時在大
高台子與我新六軍之一六九師一部會
師，匪第一縱隊、第三縱隊分向西豐東
南地區回竄，匪第四縱隊向清原附近回
竄，如附圖十四。

（二）官糧窖戰鬥

匪獨一師於十月七日一時向鐵嶺東南官
糧窖我十四師一部圍攻，激戰迄七時，
我一六九師及十四師主力分頭出擊于蘇
牙屯附近，與匪激戰至十五時，匪不支東
竄，計斃傷匪千餘，生俘一百九十餘名，
獲輕重機槍及步槍多挺，如附圖十五。

（三）營盤戰鬥經過

1. 匪第四縱隊主力及十一縱隊與李紅光支
隊於十月十五日分向南雜木、關門山我
二○七師各部守軍進犯，十月十六日進
犯營盤，迄十月十九日，匪一部侵入市
區發生巷戰，十月二十日我二○七師及

一九五師各主力由撫順東進，二十一日
與營盤守軍會師。

2. 為夾擊匪第四縱隊之目的，經令新六軍
之十四師附新二二師一部於十月十九
日分由鐵嶺西南向撫順東北地區攻擊前
進，當日晚在三家子南北之線與匪第四
縱隊之十二師主力激戰，迄十月二十日
晚將匪大部擊潰，我並以另一部由大甸
子直搗雞冠山，匪勢不支，於十月二一
日拂曉向東撤退，我軍分向關門山以東
地區追擊掃蕩，如附圖十六。

（四）四平西太平莊戰鬥經過

匪第二縱隊主力於十月十五日由大窪、
鷺鷥樹一帶北竄，適我新一軍之五〇師
於老四平、八面城間太平莊附近掃蕩散
匪，與匪第二縱隊第四師、第五師遭遇
激戰一晝夜，該團損失殆盡突圍，如附
圖十七。

卯、吉長方面

（一）長春方面

1. 匪西滿獨四師及匪騎兵師等部於十月
二四日聯合進犯長春西南之大房身機
場，激戰一晝夜，匪傷亡二百餘回竄。
九台十月十七日陷匪，德惠我暫五三師
自十月十九日與匪激戰二晝夜，十月
二十日轉移。

2. 匪西滿獨四師及騎兵等部隊於十月下旬
以來迄十一月十八日仍不斷向我長春
進犯，先後均經我守軍新一軍、暫五六
師、暫六一師部擊退，如附圖十八。

（二）永吉方面

匪第十縱隊、第六縱隊及第一縱隊、第
二縱隊各一部與獨三師、獨四師、獨六
師、二四旅等部共約六萬餘人左右，先
後於十月十六、十七等日向我吉林四周
土城子、棋盤街、烏拉街、九站、孤店
子、馬相屯、孤櫛樹口前等地攻擊，並
晝夜更番猛犯，經我守軍六〇軍主力沉
著應戰及空軍協助，迄十一月九日夜，
匪因傷亡過大，其殘部乃由永吉四周後
散他竄，如附圖十九。

九、戰果

如附表二、三、四、五。

十、經驗教訓

（一）我軍

1. 各部隊行動欠機動，指揮官決心不堅，進退
失宜。

2. 企圖心欠旺盛，不能作勒強性之戰鬥。

3. 兵力每蝟集一處，不能發揮戰力。

4. 各級指揮官不明上級長官意圖，不能按照計
劃實施。

5. 暫編師裝備劣勢，訓練差。

6. 各部隊機動力不夠，缺乏勒強性與機動性。

7. 各部隊新兵太多，訓練時間過短，軍事學識不夠。

8. 搜索警戒疏忽。

9. 情報不確實，每誇大匪情及戰果。

10. 武器損壞及彈藥消耗過多，不知愛惜武器與節省彈藥。

（二）匪軍

1. 機動性大，行軍力強，兵力轉用迅速。

2. 貫用以大吃小、避實擊虛戰法，不打硬仗。

3. 不守點線，兵力集結容易，隨時流竄。

4. 匪就地徵糧，無綿長繁重補給線，故流竄靈活。

5. 攻堅力不夠，戰力不能長久保持。

6. 裝備不良，訓練欠佳，士兵多無鬥志。

十一、結論

此次戰役計大小戰鬥十九次，成功十次（腰高台子、營口、黑山、義縣、北票、彰武、營盤、官糧窖、吉林、長春），失敗九次（北寧路遭破壞一次、楊家杖子二次、彰武新立屯新秋一次及九開門、牛莊、大安平、開原、太平莊），我正規軍雖被匪擊破十二個團另兩個暫編師，而匪第七縱隊全部被我擊潰，匪第二縱隊、第四縱隊、第六縱隊及遼南第八縱隊、熱河第八縱隊與第九縱隊亦各被我斃傷三分之一以上，匪我傷亡（詳細數目如附表二、三），匪軍傷亡多我兩倍以上，確較第五次戰役傷亡

為大，刻雖各分別向後方逃竄，■得餘裕時間
整編待機進犯，但我仍令各部隊隨時派遣小部
隊向各該匪軍襲擊中。

十二、戰後（十一月十八日）匪我態勢

如附圖二十。

十三、附件

1. 本戰各部隊功過檢討，如附表六。

2. 本戰役作戰命令計劃之策定，如附件一。

附圖一　東北行轅匪我態勢要圖

（卅六年九月六日以前）

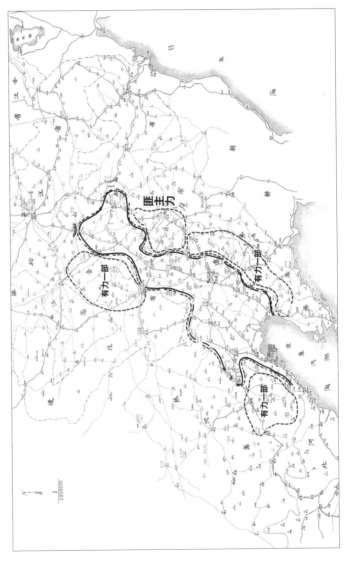

附圖二　北寧路附近掃蕩戰鬥經過要圖（十月）

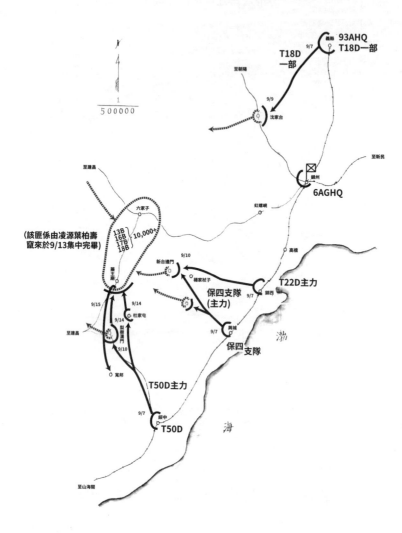

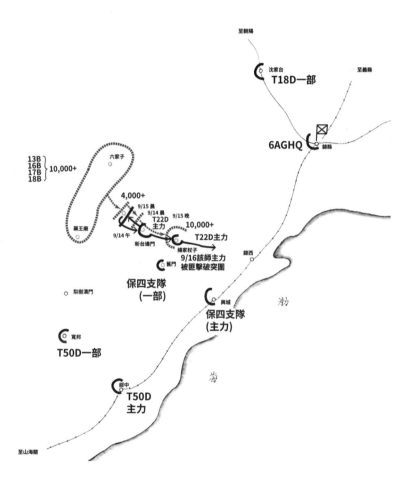

附圖三 暫二十二師主力楊家杖子附近戰鬥經過要圖
（十月）

附圖四　四十九軍楊家杖子附近戰鬥經過要圖（十月）

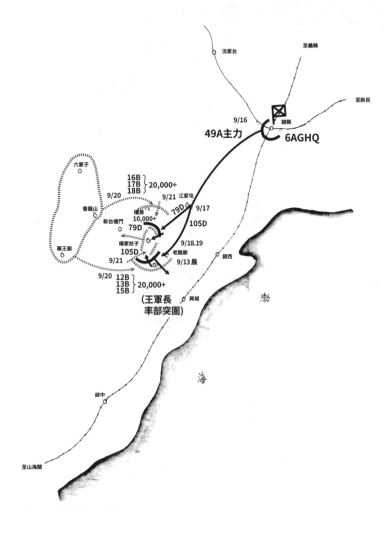

附圖五　北寧路興城榆關段鐵路被匪破壞經過要圖
（十月）

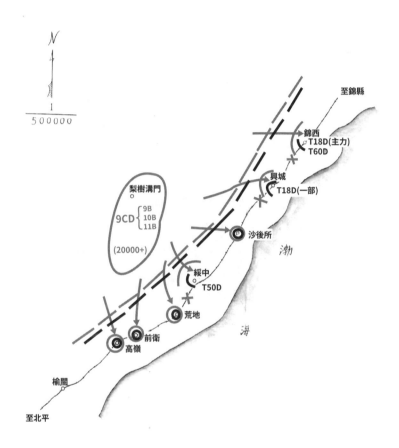

附圖六　新民北腰高台子戰鬥經過要圖（十月）

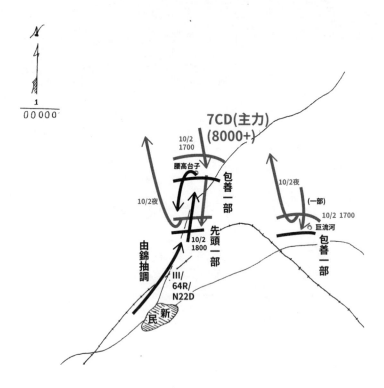

附圖七 黑山九十二軍戰鬥經過要圖（十月）

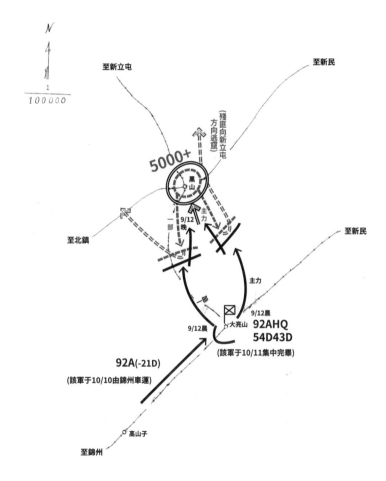

附圖八 彰武新立屯新秋戰鬥經過要圖

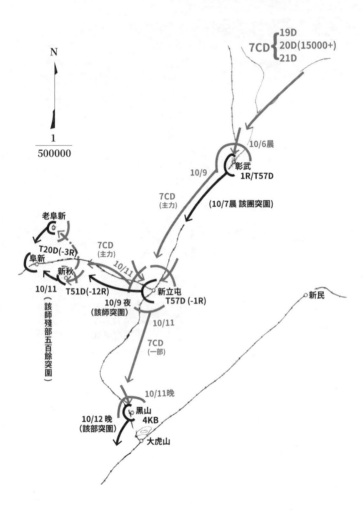

附圖九 義縣附近戰鬥經過要圖（十月）

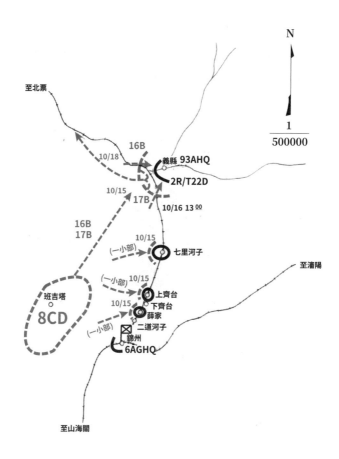

附圖十　北票附近戰鬥經過要圖（十月）

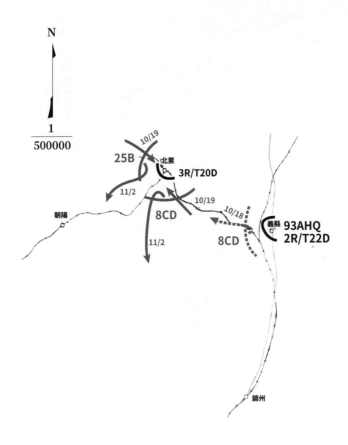

附圖十一　九十二軍主力九關台門戰鬥經過要圖（十月）

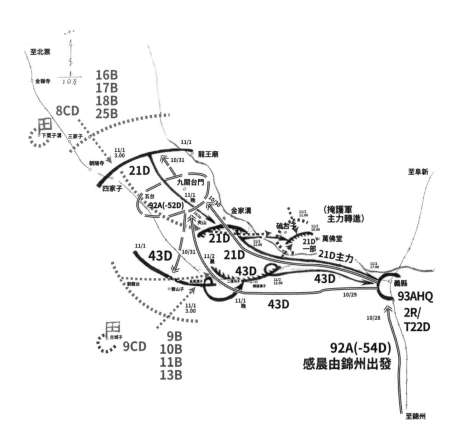

附圖十二　彰武康平附近戰鬥經過要圖
（十一月一日至十七日）

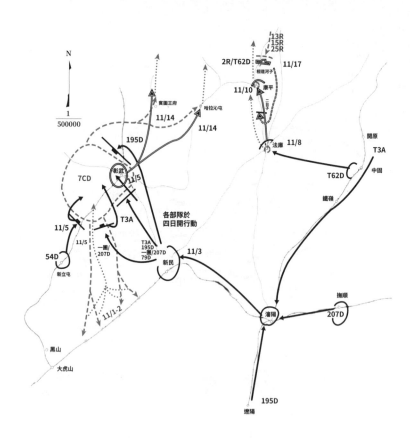

附圖十三　牛莊營口大安平戰鬥經過要圖（十月）

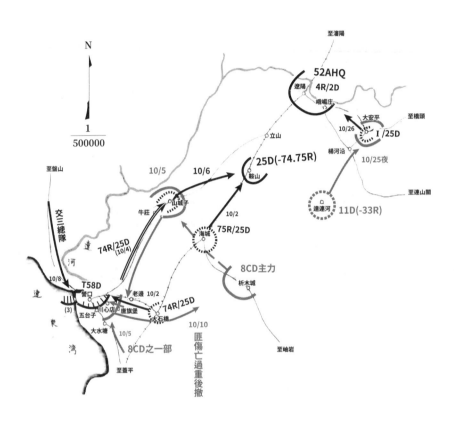

附圖十四　開原附近戰鬥經過要圖

（十月一日至十月二十五日）

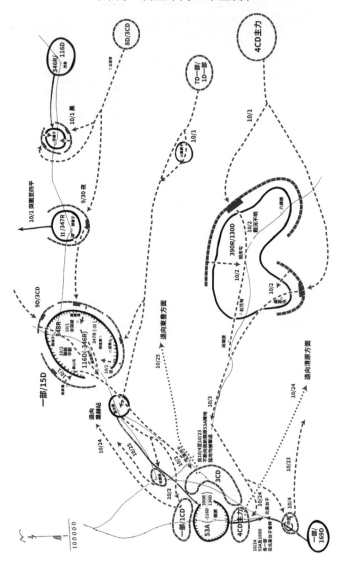

附圖十五　官糧窖附近戰鬥經過要圖（十月七日）

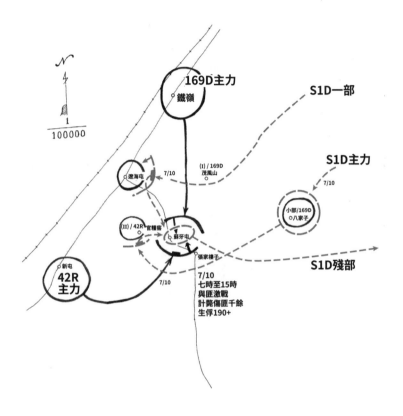

附圖十六　營盤附近戰鬥經過要圖
（十月十五日至二十二日）

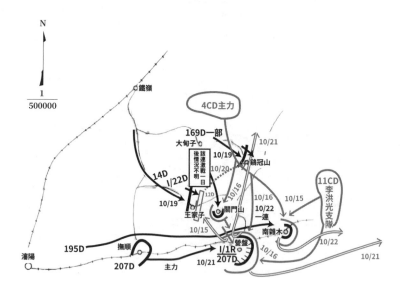

附圖十七　四平西太平庄附近戰鬥經過要圖
（十月十五日至十六日）

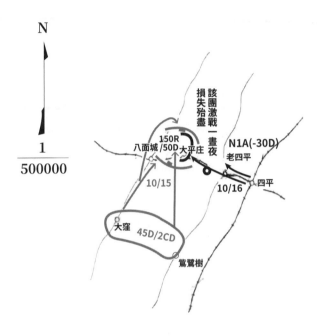

附圖十八　附圖十九　吉長地區戰鬥經過要圖
（十月十七日至十一月十七日）

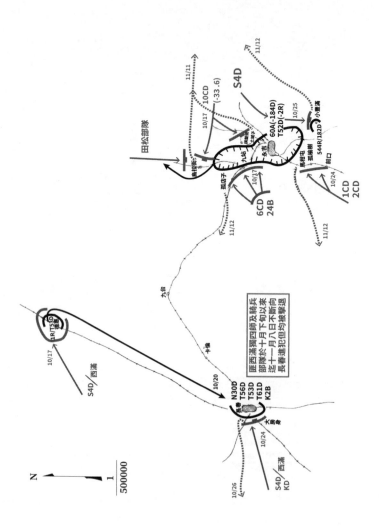

附圖二〇　東北行轅匪我態勢要圖
（卅六年十一月十八日以後）

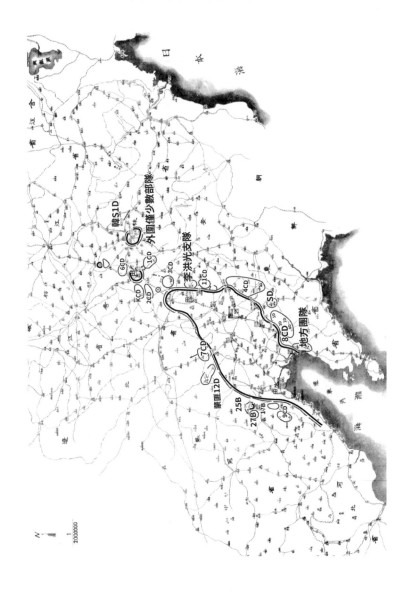

附表一

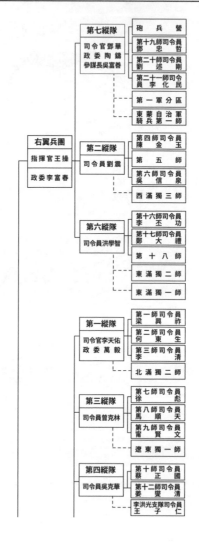

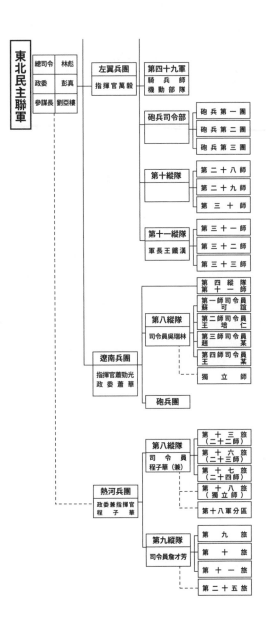

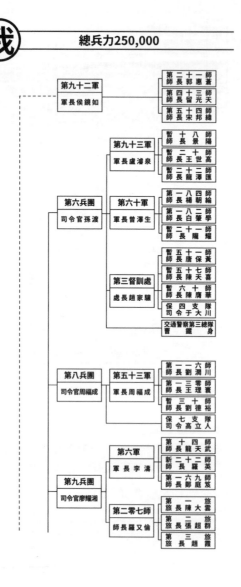

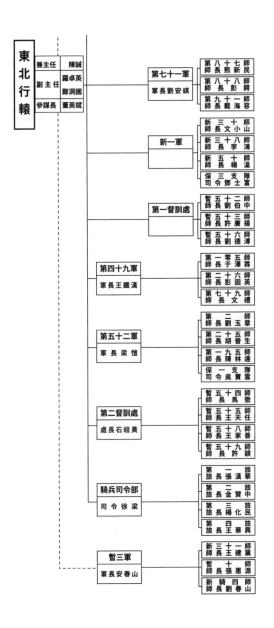

附表二　第六次攻勢共匪各部隊傷亡俘獲統計表

番號	第一縱隊	第二縱隊	第三縱隊	第四縱隊	第六縱隊
傷		2,501	2,412	6,870	6,380
亡	700	2,800	1,305	4,990	5,600
俘			277	25	10
馬					
步槍			18	18	30
手槍					
輕機				3	12
重機					
迫砲					

番號	第七縱隊	第八縱隊（遼西）	第八縱隊（遼南）	第九縱隊	第十縱隊
傷	5,770	7,285	3,650	4,220	7,750
亡	4,700	6,667	1,037	3,830	4,810
俘	682	177	9	167	168
馬	20	11			3
步槍	288	29	14	14	49
手槍					
輕機	14			1	
重機	7				
迫砲	2				
備考	俘獲山砲一門戰防砲一門電話機十二部				28D於官糧窖戰役傷亡僅餘千餘人

番號	第十一縱隊	騎兵縱隊	東滿獨一師	東滿獨二師	韓匪獨一師
傷	1,500	500	850	200	300
亡	2,500	350	350	1,600	100
俘					
馬					
步槍					27
手槍					
輕機					
重機					
迫砲					

番號	西滿 獨四師	北滿 新六師	南滿 獨立師	東滿 警二旅	遼西 十八旅
傷	550	150	150	50	1,050
亡	160	150	100	21	1,600
俘					
馬					
步槍					
手槍					
輕機					
重機					
迫砲					

番號	遼西 二五旅	遼西 騎兵旅	蒙騎 第一師	蒙騎 第二師	遼西 獨立團
傷	1,150	600	500	1,000	200
亡	510	180	450	600	
俘			46	127	30
馬			13	42	26
步槍			50	75	20
手槍					
輕機					2
重機					
迫砲					

番號	遼西獨立 騎兵團	遼西第一 軍分區	營口 保安團 蓋平 保安團	建昌支隊 興城支隊 綏中支隊	總計
傷	30	300	500	250	58,668
亡	20	50	100	70	45,370
俘	13	20			1,804
馬	22			1	138
步槍	22	10		11	665
手槍					13
輕機	2				34
重機					8
迫砲					2

附記：一、本表係根據第一線各部隊之戰報及俘獲文件口供調製而成。
　　　二、總計傷亡俘約十萬五千八百四十二名，
　　　三、匪第五次竄犯傷亡約十萬二千四百八十三名。

附表三　國民政府主席東北行轅所屬各軍師
第六次傷亡統計表

部隊	N1A		小計
	N38D	50D	
月日	10/3	10/15-10/16	
地點	雙廟子	太平庄	
官佐傷	1		1
官佐亡	1		1
士兵傷			
士兵亡			
官失蹤			
兵失蹤			
小計	2		2
備考		一〇五團全團覆沒	該軍共計約傷亡兩千五百餘名

部隊	N6A			小計
	14D	N22D	169D	
月日	10/22	10/25	10/15	
地點	狼煙溝	腰高台子	金家寨青正堡	
官佐傷	5	5		10
官佐亡	2	1		3
士兵傷		30	2	32
士兵亡		25		25
官失蹤		3		3
兵失蹤		90		90
小計	7	154	2	163

部隊	49A		小計
	79D	105D	
月日	10/19-10/21	10/19-10/21	
地點	楊家杖子	楊家杖子	
官佐傷	69	158	227
官佐亡	151	81	232
士兵傷	1,650	1,734	3,384
士兵亡	769	1,169	1,938
官失蹤	98	45	143
兵失蹤	1,185	1,274	2,459
小計	3,922	4,461	8,383

部隊	52A			小計
	2D	25D	195D	
月日	10/2-10/6	10/2-10/6	10/2-10/3	
地點	本溪	牛莊大安平	昌圖彰武西北	
官佐傷	3	18	23	44
官佐亡	2	7	5	14
士兵傷	41	200	216	457
士兵亡	30	200	61	291
官失蹤		50	14	64
兵失蹤	50	700	130	880
小計	126	1,175	449	1,750

部隊	53A			小計
	T30D	116D	130D	
月日	10/22-10/25	10/1-10/19	10/1-10/11	
地點	馬市堡太平莊開原附近	拐磨子威遠堡門頭營子	大羈家子紅花甸子貂皮屯	
官佐傷	8	36	8	52
官佐亡	6	135	38	179
士兵傷	109	623	148	880
士兵亡	101	1,811	719	2,631
官失蹤		351	105	456
兵失蹤	29	5,083	1,517	6,629
小計	253	8,039	2,535	10,827

部隊	71A		小計
	87D	91D	
月日	10/9-10/25	10/9-10/25	
地點	平安堡 牝牛哨	八面城	
官佐傷		4	4
官佐亡		1	1
士兵傷	17	43	60
士兵亡	6	66	72
官失蹤		44	44
兵失蹤			
小計	23	158	181

部隊	92A			小計
	21D	43D	54D	
月日	11/1	10/12-10/18	10/12-10/18	
地點	九關台門	黑山 陳家屯	新立屯	
官佐傷		8		8
官佐亡		1		1
士兵傷	1,300+	141		1,441+
士兵亡		41		41
官失蹤				
兵失蹤				
小計	1,300+	191		1,491+

部隊	93A			小計
	T18D	T20D	T22D	
月日	10/1-10/13	10/1-10/13	10/1-10/13	
地點	■山子寺兒堡（錦西附近）	義縣新秋北票	義縣車站	
官佐傷	10	3	3	16
官佐亡	13	1	2	16
士兵傷	202	98	44	344
士兵亡	140	114	15	269
官失蹤				
兵失蹤				
小計	365	216	64	645

部隊	T51D	T53D	T57D	T58D
月日	10/10	10/19	10/10	10/8
地點	阜新朝陽	德惠	新立屯	營盤
官佐傷				6
官佐亡				
士兵傷				150
士兵亡				
官失蹤				
兵失蹤				
小計				156
備考	該師僅餘第一團計傷亡步兵約兩個團	該師德惠之一團突圍後僅餘官兵200+	該師傷亡約兩個步兵團	

部隊	T60D	207D	K4B K2B	保1支
月日	10/6	10/11-10/25		10/16-10/17
地點	錦西	三道溝下■黨營盤		
官佐傷	8	41		
官佐亡	6	25		
士兵傷	246	603		99
士兵亡	189	665		27
官失蹤		10		
兵失蹤		196		2,197
小計	449	1,540		2,323
備考			該兩部傷亡不詳	該支隊十月卅一日補報

部隊	保4支	保7支	吉保	交3C	SP1R SP2R
月日	10/12	10/10		10/2	10/9
地點	大橋	法庫	永吉	巨流河	繞陽河
官佐傷					
官佐亡			4		
士兵傷	2		50	10	30
士兵亡			200		
官失蹤					
兵失蹤					
小計	2		254	10	30
備考		該支隊僅餘官兵853人計傷亡約兩個步兵團			

附記：　1. 總核此次戰役被匪擊破約四個師，共二十個步兵團，計一
　　　　　　〇五師、一一六師、七九師、一三〇師各一團，暫五一
　　　　　　師、暫五七師、五〇師之一〇五團、暫五三師之一團、
　　　　　　暫二二師之二團、保七支隊之二團、二五師之七四團及
　　　　　　K4B、K2B。
　　　　　2. 計傷亡師長四員，官佐傷四一七員，陣亡七六三員，士兵
　　　　　　傷六五〇五名，陣亡六三四八名，失蹤官佐二九一七員，
　　　　　　士兵一〇三一〇名，共計傷亡官佐士兵二九二六五員名。
　　　　　3. 表內之五〇師之一〇五團，暫五一師、暫五七師各二團，
　　　　　　暫五三師之一團，K4B、K2B及保七支隊傷亡人員該師未
　　　　　　報，均未彙列表內。
　　　　　4. 以上統計係據各部隊電報數彙計之。

附表四　國民政府主席東北行轅所屬各軍師第六次戰役

武器損耗數量表

	N1A	N3A	N6A	52A	53A
步騎槍（枝）	607	1	239	1,360	4,441
輕機槍（挺）	65		23	60	329
重機槍（挺）	17			3	63
衝鋒槍（挺）	216		38	78	633
槍榴彈筒（個）	71		23	97	
迫擊砲（門）	33		6	44	121
步兵砲（門）					8
山野榴砲（門）	4			3	12
戰防槍（枝）					12
火箭筒（具）	6				22
信號槍（枝）	11			1	54
手槍（枝）	21		11	14	77

	60A	71A	93A	49A	T50D
步騎槍（枝）	439	47	1,090	3,440	392
輕機槍（挺）	44	5	125	402	40
重機槍（挺）	6		39	59	6
衝鋒槍（挺）	42	8	248	241	3
槍榴彈筒（個）	56	2	55	131	
迫擊砲（門）	16		45	63	
步兵砲（門）			4		
山野榴砲（門）			2		
戰防槍（枝）		1			
火箭筒（具）					
信號槍（枝）	2		4	10	
手槍（枝）	3		30	234	

	T51D	T53D	T57D	T56D	T58D
步騎槍（枝）	686	196		3	58
輕機槍（挺）	52	16			11
重機槍（挺）	14	5			4
衝鋒槍（挺）					
槍榴彈筒（個）	3			1	
迫擊砲（門）					
步兵砲（門）					
山野榴砲（門）					
戰防槍（枝）					
火箭筒（具）					
信號槍（枝）					
手槍（枝）					

	T59D	T60D	6AG	裝甲兵團	合計
步騎槍（枝）	33	46	8	2	13,278
輕機槍（挺）	2	1			15,288
重機槍（挺）			1		11,760
衝鋒槍（挺）					217
槍榴彈筒（個）		1			425
迫擊砲（門）					335
步兵砲（門）					12
山野榴砲（門）					21
戰防槍（枝）					13
火箭筒（具）					28
信號槍（枝）					72
手槍（枝）			2	1	423

附記：　一、　本表自九月十四日至十一月十五日止，各部隊表報及電
　　　　　　　報數字彙列之未呈報者未列入。
　　　　二、　暫三軍、九二軍之二一師及二〇七師、暫五四師、暫
　　　　　　　五二師、暫五七師武器損耗正催報中。
　　　　三、　地方團隊武器損耗數字未列本表內。
　　　　四、　關於彈藥損耗列入戰鬥詳報內。

附表五　國民政府主席東北行轅所屬各軍師第六次戰役
通材損耗數量表

部隊	無線電機（部）	電話機（部）	重被覆線（公里）	輕被覆線（公里）	紅布板（塊）	白布板（塊）	交換機（部）
通六團		9	466				
五十三軍			40				
新一軍	66	283	818	4,808	711	71	5
五十師		4	37	28			4
第一一六師	16	121	78	63	217	64	5
第一三〇師	2		16	19	36	36	1
第三〇師			9	9			
新二二師		3	3	3			
第一六九師	1	7	58	18	33	35	1
第四九軍		17	2		26	26	
第一〇五師	9	40	36	23	214	279	6
第七九師	7	35	42	28	182	165	5
第二五師	2	18	27	6			2
騎三旅		2	16				
第六〇軍	1	2	2		9	6	
合計	104	538	1,942	4,006	788	686	29

附記：本表所列數字係依各部十一月二四日以前電報統計之。

附表六　各部隊功過檢討

區分	部隊番號	功過概要	處置經過
成功	暫三軍	彰武戰鬥將匪第七縱隊主力擊潰，斃傷匪七千餘，生俘五百餘，獲步槍二百餘支，指揮官決心堅確，指揮適當。	傳令嘉獎並先後獎流通券共八千萬元
	九二軍	黑山戰鬥指揮適當，官兵士氣旺盛。	傳令嘉獎並獎流通券三千萬元
	四三師	黑山戰鬥將匪第七縱隊（二〇師）擊潰，斃匪二千餘，生俘一百餘，指揮官指揮適當，官兵士氣旺盛。	傳令嘉獎並獎流通券三千萬元
	五四師	黑山戰鬥將匪第七縱隊（二〇師）擊潰，斃匪二千餘，生俘一百餘，指揮官指揮適當，官兵士氣旺盛。	傳令嘉獎並獎流通券三千萬元
	一九五師	一、解營盤之圍。 二、協力暫三軍於彰武作戰，擊潰匪第七縱隊主力，指揮官決心堅強，部隊行動敏捷。	傳令嘉獎並獎流通券一千萬元
	一四師	營盤戰鬥擊潰十二師主力。官糧窖擊潰匪獨一師，指揮官決心堅強，部隊士氣旺盛。	傳令嘉獎並獎流通券一千萬元
	新二二師	腰高台子戰鬥擊潰匪軍，穩定瀋陽。	
	六〇軍	固守永吉二十日，斃匪頗眾，指揮官決心堅強，部隊士氣旺盛。	傳令嘉獎
	九三軍	固守義縣，指揮官決心堅強，部隊士氣旺盛。	傳令嘉獎並獎流通券五百萬元
	暫二二師之三團	固守北票，指揮官決心堅強，部隊士氣旺盛。	傳令嘉獎並獎流通券五百萬元
	暫五八師	固守營口，指揮官決心堅強，部隊士氣旺盛。	傳令嘉獎
	一六九師	官糧窖擊潰匪獨一師，指揮官決心堅強，士氣旺盛。	傳令嘉獎並獎流通券一千萬元

區分	部隊番號	功過概要	處置經過
失敗	四九軍	楊家杖子戰鬥指揮失當，部隊蝟集一處，不能發揮戰力。	軍長王鐵漢撤職留任參謀長朱俊德記大過一次
	五三軍	開原戰鬥指揮失當，部隊行動遲緩。	
	暫二二師	新台邊門戰鬥指揮失當。	
	二五師之七四團	由營口向鞍山轉進處置失措，被匪所乘。	
	五〇師一五〇團	太平莊掃蕩對匪警戒疏忽。	
	暫五一師	裝備劣勢，以致兵力分散，新秋、朝陽失敗。	部隊編併番號撤消
	暫五七師	裝備劣勢，兵力分散，彰武、新立屯先後陷匪，部隊被匪擊潰。	部隊編併番號撤消

附記：一、騎兵各部隊此次作戰均欠佳。
　　　二、工兵指揮部隊搶修鐵路，頗為出力。
　　　三、空軍協力各次戰鬥均甚出力，尤以協助安軍及六〇軍為最優。

附件一

第六次作戰計劃命令之策定

一、第一次九月十三日策定，二十三日以申梗戰洸代電
　　下達各部。

　　方針

　　1. 行轅以確保戰略及工礦要地，並相機打擊共匪主
　　　力之目的，以必要兵力守備永吉、長春、四平
　　　及瀋陽、錦州、葫蘆島各地，以有力部隊機動
　　　控置鐵嶺、錦州，行攻勢防禦，俟部隊整補完
　　　成後發動攻勢，先打通瀋吉交通，以利爾後作
　　　戰，應於九月底前完成部隊整補及作戰準備。

二、第二次十月七日下達各部隊（瀋誠字第一號命令
　　要旨），本轅以確保工礦及戰略要地，相機打擊匪
　　軍之目的，以必要兵力固守永吉、長春、四平、開
　　原、瀋陽及其外圍各要點、錦州、葫蘆島，並確保
　　北寧路之安全，以機動部隊控置瀋陽以北地區相機
　　轉移攻勢，將進犯匪軍各個擊破之。

三、十月二十三日下達瀋誠字第三號命令要旨，本轅決
　　先擊破開原附近之匪，以解開原之圍。

四、十月三十日下達瀋誠字第四號命令要旨，行轅以固
　　守吉林並乘機打通錦古路、確保北寧路之目的，以
　　主力控置開原、瀋陽間地區機動，以有力一部轉用
　　錦州，依北平行轅之協力先打通錦古路，以利爾後
　　之作戰。

五、十一月十四日下達各部隊命令（以代電）之要旨，
　　本行轅以持久作戰之目的，以必要兵力固守各要

點，主力分別控置於鐵嶺及錦州附近地區積極整補，待匪進犯時集中優勢兵力各個擊破之。

依情況以有力兵力先擊破錦古路之匪八、九縱隊，以利爾後之作戰。

三、三十六年秋中長路北寧路會戰作戰檢討報告

三十六年十一月二十五日於第三處第一科

作戰檢討

甲、作戰經過概要

1. 第一期（九月六日－十月十日）

   匪企圖大規模迂迴包圍瀋陽，先後發動以熱河之八、九縱隊對北寧路、錦州、錦西，七縱隊對新民，遼南八縱隊對營口之攻擊，均經國軍一一擊退，遭受頓挫，使東北戰局得以穩定。

2. 第二期（十月十七日－二十三日）

   匪企圖破壞北寧路，竄擾瀋陽，先後以一縱隊之獨立師對鐵嶺東南，四、一一縱隊及李紅光支隊對撫順東營盤附近發動攻勢，均被國軍擊破，不支潰退，戰局得以展開。

3. 第三期（十月十六日－十一月十八日）

   匪破壞北寧路，圍攻永吉，有見於第一、二期攻勢之失敗，乃轉移二、六、十縱隊全部圍攻永吉，以七縱隊全部破壞北寧路新民－大虎山段，經國軍以主力向北反攻，解除永吉之圍，以有力一部轉向彰武、法庫、康平擊破匪七縱隊，匪六次攻勢全被粉碎，至十一月十八日戰事告一段落。

4. 匪我傷亡：

   我傷亡二萬九千餘，匪傷亡十萬〇五千二百八十八人。

5. 結論：

此次戰役計大小戰鬥十九次，成功十次（腰高台子、營口、黑山、義縣、北票、彰武、營盤、官糧窖、吉林、長春），失敗九次（北寧路、楊家杖子、彰武新立屯新秋、九關台門、牛莊、大安平、開原、太平莊），我正規軍被匪擊破十二個團，而匪七縱隊遭受殲滅打擊，熱河八、九縱隊及匪林彪二、四、六、十、十一各縱隊遭受重大損失，其傷亡較少者僅匪一、三縱隊，匪我傷亡為四與一之比。

乙、此次作戰得失之所見

1. 楊家杖子作戰

匪情不明，對匪估計過低，行動欠機動，指揮官決心不定，兵力蝟集一處，致先後被匪擊破約六個團兵力。

2. 開原以東作戰

部隊搜索警戒疏忽，機動力不夠，缺乏勒強性，被匪以深入參透，點點切斷，以大吃小戰法，致被匪擊破四個團兵力，殊為可惜。

3. 九關台門作戰

部隊到達義縣後應停止，現地向西、北、南三面行廣面之搜索，確悉匪之行動為宜，無如九二軍主力毅然挺進至義縣西北九關台門附近，該處既前後不便連繫，又地多為石質不易構工，致為匪所乘，遭受重大損失。

4. 黑山及彰武作戰

　我暫三軍、九二軍及一九五師等部以迅速秘密行動在黑山、大虎山間及彰武西北地區擊潰匪七縱隊全部。

5. 吉林北票作戰

　我六十軍及暫二十師之第三團等部指揮官決心堅強，部隊官兵士氣旺盛，均獨立固守據點近二十餘日，卒將數倍圍犯之匪擊退。

丙、鐵路守備檢討

1. 交警戰力太薄

　步兵團兵力約三萬餘兵員，而步槍不足兩萬，重火器太少，擔任東北全區鐵路之守備力量實感不足，況兵力過於分散（各小單位分駐各鐵路沿線），故每遭匪優勢兵力之壓倒而蒙最大之損害，戰力乃更逐漸消弱矣。

　因交警護路力量不足，不得已乃增加正規軍，因之消耗野戰軍力。

2. 護路部隊之警覺心不足

　此次匪既蓄意破壞交通，則我護路部隊即應特別提高警覺，以不眠不休之精神常懷警戒心而嚴守，例如十一月一、二兩日北寧線新民、巨流河、白旗堡、繞陽河、庚家、厲家等處鐵路之遭毀，雖云匪以優勢兵力來犯，而我護路部隊如均能提高警覺，早作應戰準備，路線既遭破壞，亦不致遭如此重大破壞之程度，匪我兵力大小不論，我警覺心殊嫌不足也。

3. 未能確實遵照計劃機動

護路部隊曾迭令於要點控置機動部隊，某處發生戰鬥能適時適切前往增援，而此次鐵路上之各戰鬥殊少機動部隊適時增援，更有僅以鐵甲列車或巡查列車深入匪陣而不配合部隊，致列車遭毀，兵員傷亡，而鐵路仍遭破壞，實屬不當。

4. 各地無統一負責指揮官

某一鐵路線其護路部隊有正規軍、交警或地方團隊等單位，系統不一，各自為戰，無統一負責指揮官，既或各轄區最高軍事長官有所指定，而事實指揮仍未能統一，致影響鐵路守備上殊多缺憾。

丁、經驗教訓

查本年秋季匪軍發動第六次攻勢，企圖掠奪破壞進窺瀋陽，打擊我軍，於九月六日北寧路我第六兵團掃蕩開始，迄十一月十八日永吉解圍，恢復四平、開原及北寧路交通止，閱七十日，其間賴我各級將士英勇奮鬥，粉碎匪軍企圖，並擊破匪七縱隊全部，四縱隊大部，其他二、六、八、十縱隊及熱河匪八、九縱隊莫不遭受重大損失，倉惶撤退，但在此會戰中足資我軍經驗教訓，以為下次會戰參照及依為教育訓練殷鑒者亦復不少，前事不忘後事之師，特檢討其中重要者例舉如左。

一、特別注意匪之遠距離戰略急襲，唯一要決在擴大搜索警戒面。

例一、擴大搜索警戒面

新六軍經常派出突擊隊，活動於主力

前方五十公里以外地區，故不但對匪情明瞭，且主力有戰鬥準備餘裕時間，如一六九師在中固以東地區之兩個團遇匪襲擊，即安全撤至鐵嶺。

例二、匪之戰略急襲（匪稱遠程奔襲）

九月二八日後匪以三、四縱隊由西安襲擊五三軍，九月二八日以七縱隊由遼源襲擊法庫，因我軍搜索警戒面過小，事前未曾發覺，迨發覺後不易脫離，遭受重大損失。

由上二例可見匪軍並未出奇，而我軍太過於疏忽，應特為警覺。

二、遇優勢匪軍進犯，應迅速集結兵力于固守據點內，依城野戰，以火力併用工事消耗匪軍。

例、十月十六日匪以六、十縱隊，旋增加二縱隊猛犯永吉，我永吉守備軍即按照計劃迅速集結兵力固守永吉，相持二五日，終獲勝利，惟在口前之工兵營、輜重營因撤退過晚，遭受重大損失，為本戰鬥中之缺憾，爾後各部隊應切實警惕。

三、實行機動作戰時應特別秘密並迅速行動，以優勢兵力捕捉劣勢匪軍而各個擊破之。

例、此次會戰中暫三軍一九五師、五四師以迅速秘密行動在彰武西北地區擊潰匪七縱隊，我暫六二師襲佔法庫，九二軍在打虎山以北擊破匪七縱隊之二十師，供

為前鑑。

四、無論行動、宿營、戰鬥、徹夜整補，隨時構成堅固據點，完成戰備，以防匪軍襲擊及反撲。

例、八月中下旬暫二二師及四九軍在楊家杖子掃蕩匪軍時，因過于疏忽輕視匪軍，致遭匪反撲，不易立足，遂被擊破，十月十四日五十師之一五○團向八面城掃蕩時，中途宿營太平房身，疏于戒備，為匪二縱隊所乘，遭受重大損失。

五、固守獨立據點，全賴守軍戰鬥精神英勇及工事堅固與陣地編成良好。

例、匪四、十一縱隊、李洪光支隊於十月十六日猛犯撫順外圍南雜木、營盤時，我南雜木守軍僅一連，營盤守軍僅四連，激戰達一週以上，始終屹立未動，致我援軍有充份時間包圍殲滅匪軍，擊破匪四、十一縱隊，又北票我以一團兵力固守達一月之久，終克保有義縣，不足兩團兵力擊退優勢匪軍，率皆守軍英勇將士有必死決心及工事堅固所致。

六、在戰場脫離戰鬥時，切忌側敵行軍，甯選擇迂迴道路以策安全。

例、二五師之七四團由營口向鞍山轉進時，經牛莊向鞍山，致遭海城匪軍截擊，遭受損失，如當時由營口大窪車運鞍山歸建，必十分安全。

七、無論前進攻擊敵人及後退脫離戰鬥或轉用兵力，均應行動迅速，秘密企圖。

例、此次新一軍由四平開赴長春，暫三軍由新民向彰武攻擊，五二軍及一九五師之對遼南攻擊，在在符合上述條件，故皆圓滿達成任務，尤其新一軍之行動，匪軍於發覺後，以二、六、一縱隊撤永吉之圍以截擊該軍，但該軍行動迅速，迄匪到達中長路之近時，而新一軍已進入長春堅固據點之內矣。

八、陸空連絡，各級應特注意講求可能時編組布板班專負其責，對舖設之位置、方向、時機與顯示並嚴為訓練之，以期陸空發揮綜合威力。

九、射擊軍紀應特講求，我軍雖以火力勝匪，但過于濫用火力，必難發揮火力效能，應養成彈不虛發，百發百中，可能時應特別訓練狙擊手及手榴彈投擲組，專門射擊匪軍幹部。

十、對情報戰報之報告力求確實迅速，平時對各級指揮官及參謀人員等切實訓練，養成習慣。

十一、防禦時陣地編成應併講求在陣地內殲滅匪軍之精神，故縱使陣地被匪突，破亦可賴逆襲及火力殲滅匪軍於陣地內。

十二、充份培養近戰衝鋒及迂迴包圍精神，我軍以裝備較優，年來養成依賴火力習慣，一遇匪軍即行停止，用砲火及步兵輕重火器施行射擊後再開始攻擊前進，在斯種場合之下，如匪軍

劣勢則早已逃逸，追捕不易，如匪軍優勢則秘密行動側背運動包圍我軍，我軍遇包圍欲求脫離戰鬥亦復困難，故我軍除一面以火力消滅匪軍外，一面仍應充份培養近戰衝鋒及迂迴包圍精神，一遇匪軍即大膽包圍攻擊，實行衝鋒近戰，暫三軍每次戰鬥均以此獲勝，各軍師應效法之。

上述十二項為本次會戰中可資為經驗教訓中之犖犖大者，各部隊應參照實際戰鬥經驗，對部隊朝夕培養戰鬥精神，訓練戰鬥技能，無論進退使得其宜，任何攻守皆能合法，則東北匪軍不難短期內殲滅也。

四、三十六年秋對匪第六次攻勢作戰檢討

甲、匪我兵力判斷（參照附圖）

（一）匪軍方面

匪軍兵力：

東北匪軍目前可參戰之兵力約在四十萬以上，佔全國匪兵力百分之四十五左右，同時以獲外援關係，裝備日漸充實，甚至超過一般國軍部隊，在第五次攻勢時期主要兵力約為一、二、三、四、六等五個主力縱隊及其他獨立師，兵力不過廿萬人，其後經整補擴充，實力較前大增，在此次攻勢中除上述五個縱隊外，復發現新編成之第七、第八、第十、第十一等四個縱隊，且每縱隊除三個師外，又增配獨立師一至二個不等，再加原在熱河冀東之第八、第九兩個縱隊，其勢日張，而在今後所感為痛苦者，厥為熱河之第八、第九兩縱隊對北寧路之威脅為歷次攻勢所未有。

匪軍企圖：

匪軍第六次攻勢表面上雖似告中止，但實際正在調整部署，大事準備企圖于短期內再發動攻勢，在匪軍全般戰略上言，匪在關內處于劣勢，不斷遭受國軍壓迫，勢成流竄，且外援不易，戰力難以增強，在關外處于優勢，當必繼續發動攻勢，以打擊國軍，策應關內作戰，故東北

匪軍今後作戰之成敗實關係整個匪軍之存亡。

（二）我軍方面

我軍兵力：

東北國軍連同 92A 在內，目前正規師廿六個，由保安區改編之暫編師十一個，可參戰之兵力約為廿萬人，較匪軍劣勢一倍，在此次作戰損失之部隊如 53A、49A 等，不但戰力恢復需時，即在上次參戰損失之部隊如 71A、93A、60A 等各軍，其戰力亦尚未完全恢復，不能作堅強有力之機動作戰，於指揮運用頗感不便，再加暫三軍之入關歸建，92A 之策應兩方作戰，益感兵力不足。

我軍方略：

東北經濟價值在豐富之物資、發達之工業，地理之形勢在遮斷匪軍海陸方面對關內匪軍之接濟及掩護關內之作戰安全，故在戰略方面純取守勢作戰，以待自身之戰力增強與關內增援，但由于確保工礦及戰略要地關係，消耗於守勢方面兵力過大，故機動兵力無法形成優勢，益以北寧路時受威脅，而兵力轉用機動時受牽制，在此種情況下戰略指導首在提高警覺，增強戰力，爭取時間，初期確保原態勢，以待有利時機再求進取。

乙、對匪軍第六次攻勢作戰經過概要

（一）匪情判斷（參照附圖第一）

    1. 進攻時期：在八月下旬及九月初旬即判斷匪軍進攻時期可能在九月下旬至十月初旬，即秋收及中長路通車之時。

    2. 進犯計劃及目的：當在九月初判斷，在遼南、遼西發動攻勢，切斷北寧路及中長路南端，分散我遼北兵力，同時對錦州、瀋陽發動圍攻，其目的消極在劫奪破壞，積極在進攻瀋陽。

        在十月十三日俘獲匪第七縱隊文件完全證實。

    3. 匪軍兵力：九月初旬判斷在二十萬以上、三十萬以內，此次參戰者為十一個縱隊（1CD、2CD、3CD、4CD、6CD、7CD、8CD、10CD、11CD及熱8CD、9CD），約三十萬人。

（二）行轅作戰指導

    1. 確保工礦及戰略要地。

    2. 依城野戰，捕捉匪軍主力，集結優勢兵力，各個擊破匪軍。

    3. 先排除北寧路障礙，次擊破彰武匪軍，再集中全力擊破開原附近匪軍主力，對營口以必要兵力固守，阻止匪軍。

    4. 以N1A轉用四平，配合主力軍作戰。

（三）作戰經過（參照附圖第二）

第一期（九月廿八－十月十日）：

匪企圖大規模迂迴包圍瀋陽，先後發動以熱河之 8CD、9CD 對北寧路、錦州、錦西，7CD 對新民，8CD 對營口之攻擊，均經國軍一一擊退，遭受頓挫，使東北戰局得以穩定。

第二期（十月七日－廿三日）：

匪企圖破壞北寧路，竄擾瀋陽，先後以 1CD 之獨立師對鐵嶺東南，4CD、11CD 及李洪光支隊對撫順東營盤附近發動攻勢，均被國軍擊破，不支潰退，戰局得以開展。

第三期（十月十六日－十一月十八日）：

匪破壞北寧路，圍攻永吉，有見於第一、二期攻勢之失敗，乃轉移 2CD、6CD、10CD 全部圍攻永吉，以 7CD 全部破壞北寧路新民－大虎山段，經國軍以主力向北反攻，解除永吉之圍，以有力一部轉向彰武、法庫、康平擊破匪 7CD，匪六次攻勢全被粉碎，至十一月十八日戰事告一段落。

（四）匪我傷亡

我傷亡二萬九千餘，匪傷亡十萬零五千二百八十人。

匪 7CD 遭受殲滅打擊，熱河匪 8CD、9CD 及林彪 2CD、4CD、6CD、10CD、11CD 遭受重大損失，其傷亡較少者僅 1CD、3CD，匪我傷亡為四與一之比。

（五）匪我優劣之點

　　（1）我軍方面

　　　　優點：

　　　　1. 匪情判斷正確。

　　　　2. 作戰計劃適當。

　　　　3. 指揮堅定適切。

　　　　4. 民眾信仰軍事當局，人心鎮定，對軍心士
　　　　　 氣裨益甚大。

　　　　5. 一般將士戰鬥英勇，信心堅定。

　　　　6. 計劃中固守之據點俱能固守，有利於戰
　　　　　 略計劃進行。

　　　　劣點：

　　　　1. 黨政不能協助軍隊，反成軍隊作戰牽累。

　　　　2. 一般軍隊近戰及衝鋒精神不足。

　　　　3. 專持火力，故特浪費彈藥。

　　（2）匪軍方面

　　　　優點：

　　　　1. 黨政完全為便利軍隊作戰而努力工作。

　　　　2. 一切軍隊補給，黨政方面能按照計劃圓滿
　　　　　 完成。

　　　　3. 機動性大，行軍力強，兵力轉用迅速。

　　　　4. 慣用以大吃小，避實擊虛戰法，不打硬戰。

　　　　5. 不守點線，兵力集結容易，隨意流竄。

　　　　6. 就地徵糧，無綿長繁重補給線，故流竄靈活。

　　　　劣點：

　　　　1. 攻堅力不夠，戰力不能長久保持。

2. 裝備不良，訓練欠佳，士兵多無鬥志。

丙、東北今後作戰指導（參照附圖第三、四）

　　東北戰局欲求較長期之守勢，必須改良態勢，獲取必要之資源及戰略要地，始可以戰養戰，自給自足，否則今日之態勢及兵力難達成戰略上之任務要求，一方在北寧路遭受嚴重威脅，朝不保夕，一方地區日漸縮小，兵源及民生必需品無法供應，故東北當前之困難，除兵力劣勢外，在經濟上、政治上尤感嚴重，是東北方面今後作戰第一步為生存及作戰便利之要求，必須增強現有兵力，逐漸局部進取，必須打通錦古路而確保之，始可掩護北寧路之安全，第二步必須打通瀋陽－永吉交通，確保海龍、梅河口地區，始可鞏固瀋陽、四平形勢，使物資不匱，第三步必須掌握通遼、遼源，開闢食糧、棉花及牲畜來源，進而遮斷熱河與東北匪軍連絡，如此則進可戰、退可守，不但東北持久作戰可圓滿遂行，即對華北作戰亦將裨益甚大。

附圖一　東北行轅匪我態勢要圖（三六年九月六日以前）

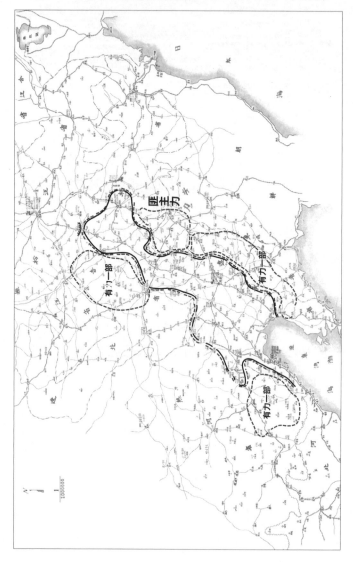

附圖二　中長路北寧路會戰戰鬥經過要圖
（三十六年九月六日至同年十一月十八日）

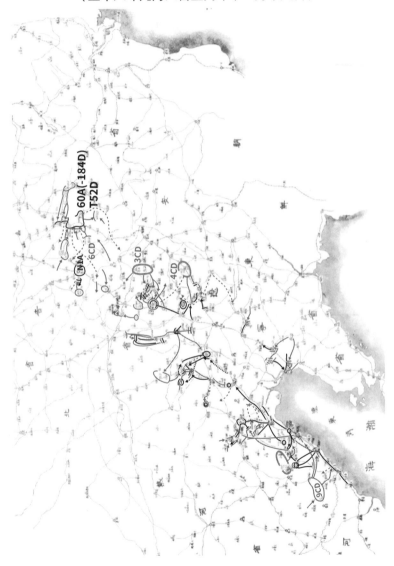

附圖三　東北行轅匪我態勢要圖
（卅六年十一月十八日以後）

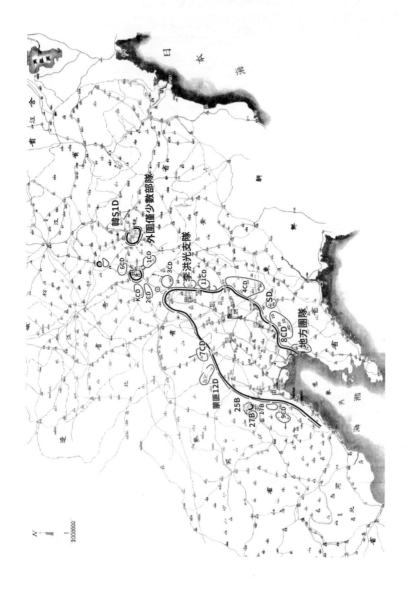

東北地區匪我態勢要圖

（三十六年十二月三十一日）

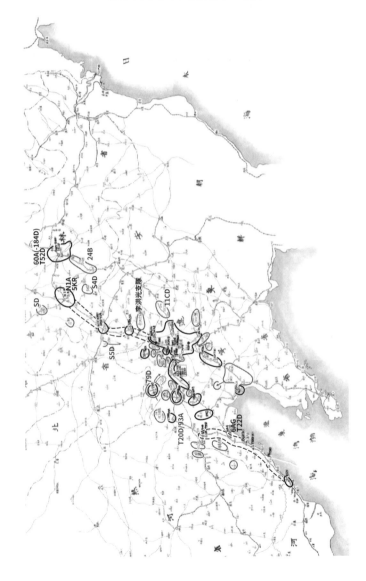

附圖四　東北行轅作戰指導腹案要圖
（三六年十一月廿五日）

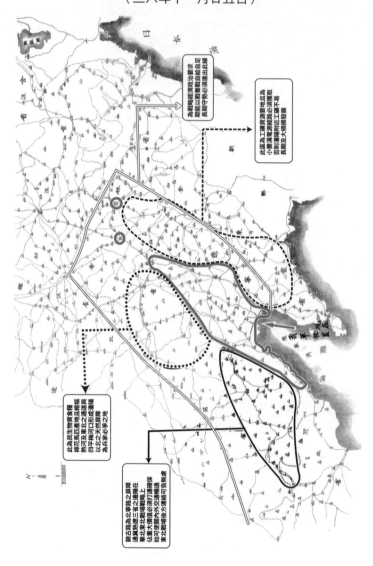

五、三十六年十二月中旬迄三十七年元月上旬遼河地區戰鬥經過概要

卅七年一月二十日於三處一科

第一、作戰起因

東北匪軍為策應關內匪軍之作戰，以挽救其陳毅、劉伯誠兩匪之頹勢，乃發動大規模攻勢，企圖擊破我野戰軍，攻奪瀋陽，以實現其整個控制東北之迷夢，並破壞工礦交通，劫奪糧食物資，促東北經濟陷於崩潰，形成社會不安，以造成其有利態勢，乃於卅六年十二月中由遼西、遼南、遼北向瀋陽傾巢進犯，遂演成大規模連續不斷之會戰。

第二、作戰態勢

共匪分由遼西、遼南、遼北向瀋陽作球心進犯，本轅為固守瀋陽，亦由遼南、遼北向瀋陽集結兵力，故形成匪居外線、我居內線之勢。

第三、作戰方式

以一部固守瀋陽外圍新民、鐵嶺、撫順、本溪、遼陽、鞍山等地，主力集結瀋陽平原，以期各個擊破分路進犯之匪。

第四、匪我後方交通狀況

　　匪遠後方雖有鐵道運輸之便，但一入戰地，大部仰賴公路及鄉村路，以大車雪扒犁為主要交通工具，我以瀋陽為中心，鐵道、公路輻射交通，遠較匪方便利。

第五、作戰前匪我態勢

　　如附圖一。

第六、匪我參戰部隊及兵力比較

　　如附表一。

第七、作戰日期

　　自卅六年十二月十二日起至卅七年元月八日止，共二十八天，暫告一段落。

第八、戰鬥經過

　甲、遼西方面

　（一）大凌河被攻迄北鎮失陷

　　匪八、九縱隊於卅六年十二月七日分由錦州以西六家子、羊山、二十家子及江家屯、新台邊門各地區，向義縣西南劉龍溝附近地區開始移動，十二、三兩日匪八縱隊以二十二師（十二旅改編）先後攻佔大凌河、金城所、關家車站等地，並破壞大凌河鐵橋，掩護其主力於十四日由張弼堡、石佛堡間地區渡過大凌河，向北

鎮及其以南地區移動，其先頭一部千人當日攻
陷北鎮，另部千人攻石山站，如附圖二。

（二）新立屯戰鬥經過

十六日十五時匪八縱隊先頭一部攻佔芳山鎮，
十七日六時許匪八縱隊以一部牽制我新立屯守
軍四十九軍之二十六師主力，猛攻新立屯東之
雙山外圍據點，十五時卅分奪取該地，自十七
日迄卅日，匪每利用夜晚以砲火掩護步兵圍攻
新立屯，先後猛攻鎮南與隆台外圍據點東、
南、北三門及鎮西 164 高地、車站等處，迄
十二月卅一日因傷亡較大，攻擊無功，其八縱
隊主力乃南移，戰鬥遂轉沉寂，如附圖三。

（三）彰武戰鬥經過

卅六年十二月中旬匪七縱隊及東蒙自治軍騎二
師分由賓圖王府及康平移竄彰武東北地區，並
先以一部次第將我彰武東南外圍據點彰武台
門、白山土等地攻陷，使彰武守軍七十九師陷
於孤立，十七日至二十一日匪以一部對彰武守
軍展開威力搜索，先後向東南城郊及西南外
圍據點高山台進犯，二十二、三兩天匪由二千
人陸續增至萬餘，附山砲六、七門，對高山台
及東北城郊猛攻，二十四日匪二、九縱隊主力
及一、八縱隊一部，附山野砲四十餘門，陸續
到達城郊，計約步兵二十一個團、騎兵一個
師、砲兵兩個團，共三、四萬人，開始全面圍
攻，先後以密集砲火掩護步兵向高山台據點、

東南城郊、東北西北東南各城角、火車站北端
等地，以蜂勇之勢輪番攻擊，二十七日匪以主
力由馬家窩棚、房家窩棚向南城城垣逐波猛
撲，戰況空前慘烈，匪先後砲擊萬餘發，城區
工事悉被摧毀，市街房屋半成瓦礫，迄二十八
日守軍傷亡達十之七、八，故雖空軍斯晨飛往
助戰，為時已晚，九時許匪由南門、西門先後
衝入，開始激烈巷戰，十時卅分電台被匪砲火
摧毀，連絡中斷，二十九日拂曉戰鬥終止，
七十九師師長文禮二十八日在地堡內指揮作
戰，入口被匪砲火封閉，幸經住民救出，移藏
菜窖，於卅七年元月一日脫險歸來，迄元月二
日止，在新民收容傷兵，歸來官兵共一千二百
餘員名，如附圖四。

（四）繞陽河與白旗堡一再失陷

十二月二十三日匪八縱隊一部約五、六千人，
向繞陽河守軍暫五十五師第一團三營圍攻，
十九時攻陷，晚匪將鐵橋破壞一孔，並將唐家
車站西方路軌破壞一段，二十四日一八四師
五五一團一營由大虎山增援，二十五日將繞
陽河鐵橋收復，匪雖七次反撲但終未得逞，
二十七日暫十八師二團一營之兩連及機槍一
排接防，當夜匪二十七師一部約二千再攻，
二十八日該營營長率部馳援，二十九日晚該
營因另有任務轉移歸建，致再陷匪手，如附
圖五。

當十二月二十三日匪圍攻繞陽河時，暫五十
五師第一團（欠繞陽河之營）奉命增援，深
夜軍抵白旗堡時，中匪奸計，遭匪二十二師
之四千餘奇襲，損失殆盡，該站遂陷匪手，
如附圖五。

（五）滿都戶暫十八師受阻

匪陷彰武後，我為增強新民兵力，乃令暫十八
師（欠第三團）由大虎山繞道挺進，十二月卅
一日午在遼中之滿都戶遭匪四縱隊之一師三面
阻擊，傷亡一七九員名，斃傷匪七百餘，乃令
該師撤回溝幫子或錦州，該師於九月三日以強
行軍折返盤山，途經台安西北之趙家窩棚，衛
生隊及傷兵遭匪截擊，損失百餘人，於五日安
全撤至錦州，如附圖六。

（六）黑山大虎山與北鎮之再度失陷

匪九縱隊一部約二千人，附山砲二門，十二月
卅一日再度攻陷大虎山，其騎兵五百餘當日竄
抵高山子、八家子發生戰鬥，匪八縱隊一部約
五千人十二月三日夜攻陷黑山，另匪八縱隊一
部約五千人元月六日再度攻陷北鎮。

（七）北寧路護路戰鬥

匪對北寧路不斷破壞擾亂，除大凌河、白旗堡
略如前述外，十二月二十二日暫五十師一部
協力暫二十一師有力一部，由女兒河向陳家
屯、高橋一帶匪楊瘋子部三千人掃蕩，該匪
不支退去。

元月五日匪三千餘攻陷石山站，將該站至關家站間各站房電線均燒毀破壞。

匪李連昌部獨四師警一、二團等萬餘，為阻止國軍出關，自一月二日起每日分股向秦皇島、南大寺、北戴河等地不時襲擾，均被何世禮指揮交警十二總隊及暫六十師一部努力擊退。

一月十一日匪七縱隊一部千餘人攻陷柳河溝，守軍一連及守警一中隊均壯烈犧牲。

（八）北票放棄與錦阜線護路戰鬥

為加強阜新守備，暫二十師第三團於十二月二十九日遵令放棄北票向阜新轉移，卅一日途經樹營子附近，遭匪獨三師及蒙古騎兵五十餘據險阻擊，及步騎兵沿途截擊，損失甚大，不得已將暫轉義縣待命。

一月二日夜匪蒙古騎兵團及紅梅支隊千人分向清河門及九十二公里橋猛攻，四日匪獨三師一部及蒙古騎兵團千人攻陷伊馬圖，七日匪四、五百人竄擾李金車站。

乙、遼南方面

（一）華子溝（煙台煤礦）失陷

匪四縱隊經過連山關，以兩路竄大安平後，於十二月十五日迄十八日以其第十師先後攻陷耿家屯、小屯子、饅頭山、陸家房身等地，掩護主力向華子溝推進，十九日匪獨二師一部襲佔火連寨、高家崴子、石橋子、歪頭山等地，破壞橋梁，主力西竄，協力四縱隊主力攻陷華子

溝，該地守軍暫五十四師之一營（欠一連）全
部犧牲，待二〇七師第一旅一部打通瀋（陽）
本（溪）間交通，配合第二師夾擊該匪時，
匪四縱隊主力已乘夜由煙台站、十里河間越
中長路西竄，二十日午殘匪一部向東南竄
去，如附圖七。

（二）海城大石橋之放棄

十二月十六日夜匪遼南第八縱隊為策應其四縱
隊於華子溝之作戰，糾結主力進犯大石橋，遭
守軍第二師第五團予以重創，攻勢頓挫，十七
日第五團北上海城接防，十八日夜匪復傾巢進
犯大石橋，守軍交警第三縱隊在眾寡懸殊下苦
撐十數小時後突圍，以主力奔營口，一部退海
城，二十日第二師第五團復奉命集中遼陽，乃
自動放棄海城，如附圖八。

（三）鞍山附近戰鬥

十二月二十三日及二十七日匪遼南第八縱隊第
四師一部二、三千人先後攻擊湯崗子，二十六
日夜匪第二師、第四師攻上下石橋子、唐家
房身、七嶺子等地，其一部五百人襲擊沙河
鐵橋，均被守軍二十五師擊退，並予匪以重
大打擊，二十九日該師七十五團向七嶺子掃
蕩，將匪第四師一部千餘人擊退至關門山，
如附圖九。

（四）遼陽附近戰鬥

十二月二十六日匪三千人攻佔唐戶屯兵工署第

九十二廠之分廠，將該廠焚掠一空，另匪獨三師一部二千人同日攻擊太子河鐵橋、峨嵋莊等地，二十八日匪三千餘圍攻沙河堡第二師輸送營，元月十二日匪獨三師千餘攻擊喻家溝、早敵屯，如附圖十。

（五）本溪附近戰鬥

十二月二十五日匪獨二師三千人於大黑貝、石橋子、高家崴子等地與二〇七師第一旅修路掩護隊激戰六小時，一月一日二〇七師第三團向紅廟子、三道河子、思山嶺一帶掃蕩，與匪獨三師二千人激戰六小時，元月十五日匪獨二師之四百人襲擊千金嶺，均予匪以相當損失，如附圖十一。

丙、遼北方面

（一）法庫東南沙後所之戰鬥

匪二縱隊由遼源竄抵通江口後，其主力續向南竄，於十二月十七日在沙後所、三家子、雙樹子、大青堆子等地，為我新二十二師及十四師一部擊潰，遺屍千餘具，傷四、五千，當晚我軍撤至鐵嶺附近，如附圖十二。

（二）法庫南大孤家子之戰鬥

匪七縱隊之十九師及十縱隊之二十九師、東蒙騎兵師一個團，共兩萬餘，於十二月十六日分由丁家房身及法庫東南兩地區竄至大孤家子，與暫五十九師第二團發生戰鬥，當晚十時許該地陷匪，如附圖十三。

（三）法庫南石佛寺之戰鬥

　　匪於竄據大孤家子後，又轉趨石佛寺，於十二月十八日與守軍暫五十九師（欠第二團）發生戰鬥，為確保石佛寺及殲滅該匪，當以一九五師之五八三團及十四師之四十二團、騎二旅之巴布團，分由新城子、新台子、公主屯等地圍攻該匪，於十二月十九日三時許我軍尚未到達之際，匪即逃竄，如附圖十四。

（四）鐵嶺南之沙坨子古城子戰鬥經過

　　匪十縱隊卅師主力於十二月二十六日二十三時由奐守屯（汎河西北五公里）分向沙坨子、古城子兩地我一六九師之各一營竄襲，經我守軍奮勇迎戰，於十二月二十七日三時將匪擊潰，遺死屍百餘具，生俘八十餘名，如附圖十五。

（五）法庫方面之戰鬥

　　匪自十二月十六日其一、二、三、六各縱隊■■竄至藏法間地區後，法庫即陷於被圍狀態，其外圍據點迭有局部之戰鬥，迄今尚無真面目之攻擊，如附圖十六。

　丁、瀋陽附近

（一）萬金台之戰鬥

　　匪六縱隊之十八師於十二月二十五日十六時向我駐守萬金台之二〇七師第六團（欠第三營）猛攻，激戰兩晝夜，我傷亡慘重，該地陷匪，十二月二十六日為應援萬金台之作戰，經令五十師由全盛堡向盛古台方面進出，於拉拉

屯、木家窩棚等地遭匪六縱隊之十六、十七兩
師之阻擊，激戰終日，匪反復圍殺數次，卒被
擊退，計斃傷匪二千餘，匪之十八師五二團全
部被殲，我方傷亡亦大，如附圖十七。

（二）張士屯之役

匪四縱隊越中長路以西地區後先後竄擾李大人
屯、沈旦堡、黑溝台、遼中縣城等地，其主力
之先頭於十二月二十六日經小新民屯竄潘西潘
建台及沙嶺堡等地，本轅以情況緊急，當飭第
二師及七十二團於二十七日開潘西楊士屯及沙
嶺堡，黃昏時匪十二師對張士屯工十二團之一
營包圍攻擊，並佔領沙嶺堡，七十三團當即利
用沙嶺堡以東村落予匪痛擊，至翌晨三時匪不
支退去，轉竄紅旗台、黑林子、大石橋附近，
復遭我騎二旅第三團痛擊，迄晚逃竄，匪以損
傷慘重，故以主力直撲瀋陽核心之迷夢被打
破，如附圖十八。

（三）前後胡台之役

第二師主力十二月卅日由沙嶺堡向西掃蕩，於
前後胡台、宋家崗子地區擊退竄匪十二師後衛
一部千餘人獲極佳戰果，並於轉用兵力途中，
先後在王岡堡、蔡家台、幾■堡子及馬堡等地
予匪重創，如附圖十九。

（四）高台子及門台之役

元月十七日新一軍五十師主力先後向門台匪
十一師攻擊，八日新卅師八十八團將高台子匪

十二師包圍，與匪發生激烈巷戰，九日一時五十師一八四團攻克門台，並派隊追擊至安富屯、法哈、牛祿，所獲戰果亦極佳，如附圖二十。

（五）公主屯之役

1. 匪自卅六年十二月十二日由遼西、遼北向我進犯以來，其遼西之二、七、八縱隊於十二月二十八日攻下彰武後，傷亡較重，盤據彰武及其以南地區，其一三、六、十縱隊竄據法庫以南地區，有會合遼西匪軍進窺瀋陽之模樣，當時匪我態勢如附圖。

2. 本轅以各個擊破匪軍之目的，先求法庫以南地區匪一、二、三、六、十縱隊而攻擊之，令第九兵團主力，第七、八兵團各有力一部，向法庫以南地區索匪主力攻擊，當於十二月卅一日下達命令要旨如附件。

3. 迨至卅七年元月三日，八、七兵團僅與匪發生搜索戰鬥，第七兵團新五軍攻擊公主屯兩日不下，同時發覺法庫至石佛寺公路以東地區無匪大兵力，判斷匪之主力已移至法庫石佛寺公路以西地區，有轉用主力進撲新五軍之可能，為捕捉匪軍主力而予以打擊計，經令新五軍在公主屯以南、巨流河以北地區改取守勢構築工事，防匪反撲，並令第九兵團變換攻擊方向，保持西北向，將■■移置於左，同時令新一軍到達鐵嶺後即車運瀋陽以西地區集結，當時以

電話下達命令要旨如附件，並附新五軍之各別命令。

4. 五日晨各部隊乃作搜索戰鬥，未與匪主力接觸，至十時左右空軍發現嚴千戶屯（公主屯東北卅公里）地區匪大部隊向南移動，又據四十九軍王軍長報告四日晚在柳河溝（新民西南約十公里）一帶發現匪大部隊，越鐵嶺向南行動，五日上午空軍在一半台發現匪大部隊沿遼河兩岸向東北方向運動，即判斷匪有以一、三、六縱隊為基幹，合圍新五軍之模樣，當召集重要幕僚及總司令官商議，決定令新五軍在原地固守吸引匪之主力，而以九兵團主力向西攻擊作反包圍，期捕捉匪軍於公主屯、巨流河間一帶地區而殲滅之，另以七十一軍九十一師主力推進至巨流河，掩護新五軍後方，並令各部隊於六日進出東西蛇山子及興隆店之線，七日午解新五軍之圍，當下達命令要旨如附件。

5. 匪一縱隊以獨二師及東滿獨一師元月六日在興隆店以東地區佔領陣地阻止我七十一軍進出，一縱隊主力經藍旗堡子擊退我九十一師一部後越遼河向北攻擊我新五軍背後，其十縱隊由馬巴海、大孤家子一帶地區轉移至東西蛇山子一帶地區佔領陣地，阻止我第九兵團之進出，並掩護其三、六縱隊由北向南攻擊新五軍之側背，我第九兵團與匪戰鬥後，僅進至黃家山、吳二汗堡子一帶地區，七十一軍主力經激烈戰

鬥後進至興隆店附近地區，新五軍經徹夜激戰後尚未被匪軍擊破，惟情勢異常險惡，除鼓勵該軍奮力固守外，並嚴令陸空軍限期解圍，當下達各部命令如附件第（四），並附下達新五軍各別命令。

6. 六日夜新五軍遭匪全力猛攻，情勢險惡萬分，當于七日晨嚴令各部隊限期解圍，否則軍法從事，下達各部命令如附件第（五），並請潘組長祐強前往石佛寺，羅副主任前往老邊督戰，七日各部隊經激烈戰鬥後，第九兵團進至東蛇山子前蓮花泡，第七兵團進至興隆店前伍十家子之線，新二十師經搜索戰鬥僅至四家子小車連泡之線，不意七日上午新五軍已告不支，被匪擊破矣，如附圖二十一。

第九、戰果

如附表。

第十、經驗教訓

（一）關於我軍者

1. 戰略情報不足，對匪各縱隊行動多不能適時正確明瞭，致本轅作戰指導困難，不能捕捉匪主力之主因。

2. 我軍居內線之勢，但以部隊特性及兵力不足關係，不易捕捉戰機，先擊破一方之匪以減殺其戰力。

3. 各部隊間不能同心協力，互相支援策應，致為
   匪所乘。

4. 各軍（兵團）不能完全明瞭上級企圖，不能完
   全遵照命令行動。

5. 若干部隊主官幕僚驕傲自大，蔑視上級及友
   軍，並輕視奸匪。

6. 各部隊缺乏與武器共存亡心理，致武器損失遠
   較鹵獲為鉅，極應命令矯正以免匪獲得裝備，
   增加二倍於我實力。

7. 彈藥消耗過鉅，爾後品評各部隊戰績，不應
   徒視戰果，而應依其武器裝備及彈藥消耗綜
   合決定之。

8. 各部隊雪地行動困難，車輛不適寒帶使用，極
   應加以訓練改良。

9. 各部隊紀律不嚴，擾民謀利不一而足，非但不
   能爭取人民協助，甚有迫使人民勾結奸匪以解
   決洩忿情事，極堪痛心。

（二）關於匪軍者

1. 機動力大，轉用迅速。

2. 慣用避實擊虛，以大吃小戰法，不攻堅，不
   打硬仗。

3. 進退自如完全主動，並敢不顧後方，大膽集
   中兵力。

4. 到處收搶拉丁掠奪糧食物資，清算鬥爭，亂施
   破壞，不能爭取全體人民同情。

5. 裝備不良，攻堅無力，訓練欠佳，戰力不強，

並缺空軍及裝甲部隊協同。

第十一、結論

　　匪此次不顧後方大膽直迫瀋陽，先後猛犯新立屯，攻陷彰武，擊潰我新五軍，並一再竄擾瀋市近郊，氣燄囂張，據估計匪雖傷亡八萬餘人，我傷亡二萬七千餘人，但因我之武器裝備損失過鉅，鹵獲甚微，故有不得不償失之感，刻正調整部署，準備予匪重大打擊中。

第十二、戰後匪我態勢

　　如附圖二十二。

附表一　遼河戰役匪我參戰部隊兵力番號比較表

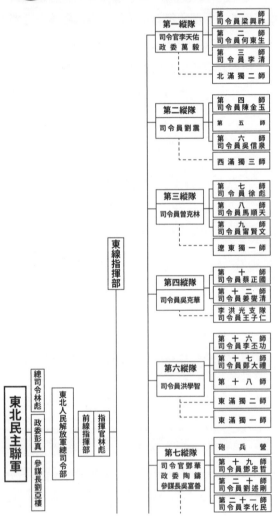

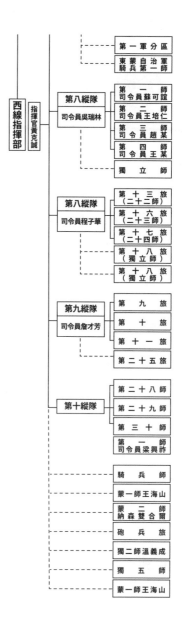

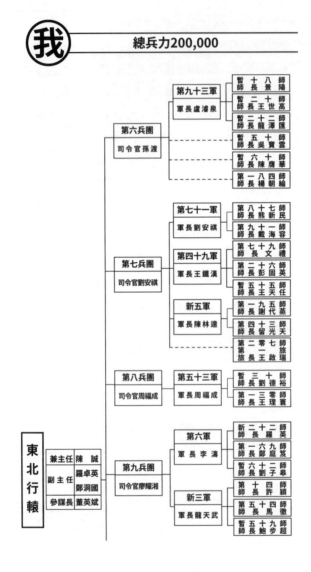

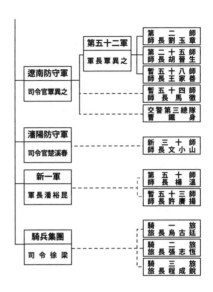

附表二　國民政府主席東北行轅
遼河戰役共匪各部隊傷亡俘統計表

番號	第一縱隊	第二縱隊	第三縱隊	第四縱隊
傷	460	11,835	1,590	1,961
亡	370	7,853	1,171	1,404
俘	52	16	145	37
馬	33	7		
步槍	16	55		112
手槍			2	
衝鋒槍		4		3
輕槍	1			3
重槍				2
迫砲	1			
擲彈筒				

番號	第六縱隊	第七縱隊	第八縱隊	第九縱隊
傷	4,940	6,050	32,351	930
亡	6,341	800	2,110	998
俘	24	25	61	249
馬	20	17		
步槍	9	10	39	21
手槍		11		
衝鋒槍				
輕槍		1	1	1
重槍				1
迫砲			2	
擲彈筒				

番號	第十縱隊	獨二師	獨三師	獨五師
傷	8,840	25	1,060	110
亡	4,050	561	535	30
俘	65	11	20	15
馬				25
步槍	113	1		7
手槍				
衝鋒槍	11			
輕槍				
重槍	3			
迫砲				
擲彈筒	4			

番號	東滿獨一師	東滿獨四師	東蒙自治軍	北滿獨四師
傷	370	360	300	310
亡	162	355	300	300
俘	2	26		4
馬		20		4
步槍	2	17	2	2
手槍			2	2
衝鋒槍				
輕槍				
重槍			1	
迫砲				
擲彈筒				

番號	李洪光支隊	韓共	吉林軍分區興城支隊 吉北軍分區楊瘋子部 第一軍分區吉保	合計
傷	410	360	3,895	55,931
亡	410	110	1,800	26,860
俘		41	22	815
馬		3	2	138
步槍			3	411
手槍				15
衝鋒槍				18
輕槍		3		10
重槍				7
迫砲				3
擲彈筒				4

附記：一、本表係據第一線各部隊之戰報彙計之。
　　　二、總計傷亡俘約八萬六千六百零六名。
　　　三、本表由十二月十五日至卅七年一月二十日止。

附表三　國民政府主席東北行轅遼河戰役武器損耗數量表

部別	暫二十二師	二〇七師	一九五師	七九師
步槍（枝）	359	620	4,398	2,397
輕機槍（挺）	22	62	326	225
重機槍（挺）	8	21	57	45
四五衝鋒槍（枝）	74	85	400	178
六〇迫擊砲（門）	8	14	48	29
八一、八二迫擊砲（門）		8	35	24
三七戰防砲（門）			3	4
四一式山砲（門）			3	10
二〇步兵砲（門）	2		12	
重迫擊砲（門）			4	
七七山砲（門）				7
三八式野砲（門）			3	
二三六火箭砲（門）		2		
信號槍（枝）	1		7	
手槍（枝）	24	28	64	70
三〇槍榴步槍（枝）	14			
槍榴彈筒（具）	28	7	176	250
擲榴彈筒（具）				

部別	四三師	暫二十師	暫五四師	暫五八師
步槍（枝）	1,172	514	133	
輕機槍（挺）	172	55	14	
重機槍（挺）	36	18	4	
四五衝鋒槍（枝）	408	19	4	
六〇迫擊砲（門）	42	18		
八一、八二迫擊砲（門）	16	19		
三七戰防砲（門）				
四一式山砲（門）				
二〇步兵砲（門）				
重迫擊砲（門）	4			4
七七山砲（門）	4			
三八式野砲（門）				
二三六火箭砲（門）	12			
信號槍（枝）		3	1	
手槍（枝）		15	16	
三〇槍榴步槍（枝）				
槍榴彈筒（具）		9		
擲榴彈筒（具）	90			

部別	暫五九師	暫六二師	合計
步槍（枝）	1,599	361	10,553
輕機槍（挺）	125	37	1,038
重機槍（挺）	21	1	248
四五衝鋒槍（枝）	55	22	1,241
六〇迫擊砲（門）	16	1	176
八一、八二迫擊砲（門）	7	1	110
三七戰防砲（門）			12
四一式山砲（門）			13
二〇步兵砲（門）			14
重迫擊砲（門）			12
七七山砲（門）			13
三八式野砲（門）			3
二三六火箭砲（門）			14
信號槍（枝）		3	15
手槍（枝）	29	19	309
三〇槍榴步槍（枝）			14
槍榴彈筒（具）		14	308
擲榴彈筒（具）	8	9	351

備考：撥一九五師全師現有武器計入之。

附記：一、本表列武器耗損除四三師、一九五師外，餘均根據各師
電報及戰報數統計之。

二、各師未呈報者尚未列本表內。

附圖一　遼河戰役戰鬥前匪我態勢要圖
（三六年十二月十日）

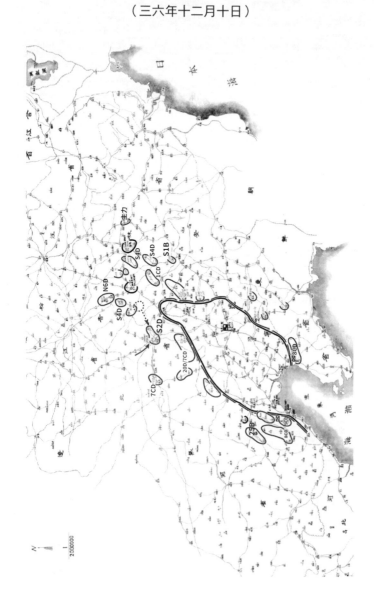

附圖二　大凌河北鎮附近戰鬥經過要圖

（卅六年十二月十日至廿日）

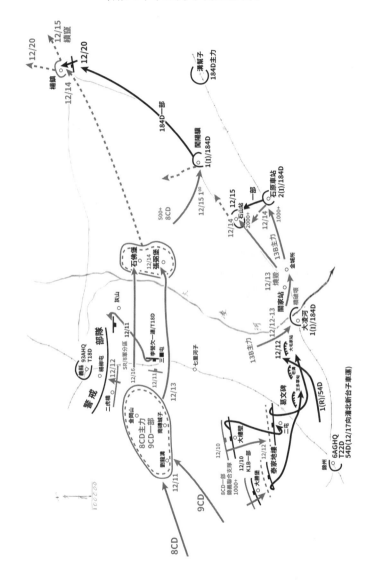

附圖三　新立屯附近戰鬥經過要圖
（卅六年十二月十六日至卅七年元月十日）

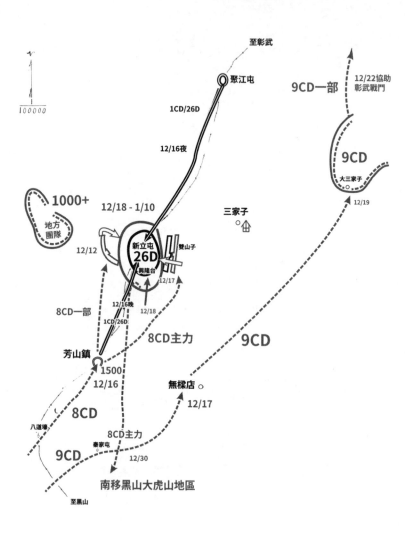

附圖四　彰武附近戰鬥經過要圖

（卅六年十二月十六日至廿九日）

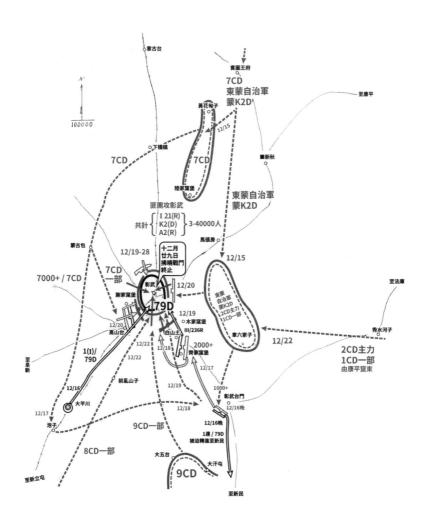

附圖五　繞陽河白旗堡附近戰鬥經過要圖
（卅六年十二月廿三日至廿九日）

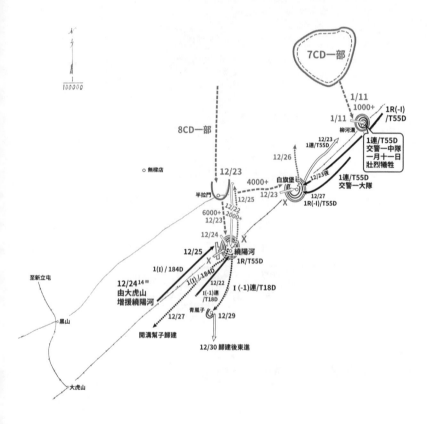

附圖六　滿都戶附近戰鬥經過要圖
（卅六年十二月卅一日至卅七年元月四日）

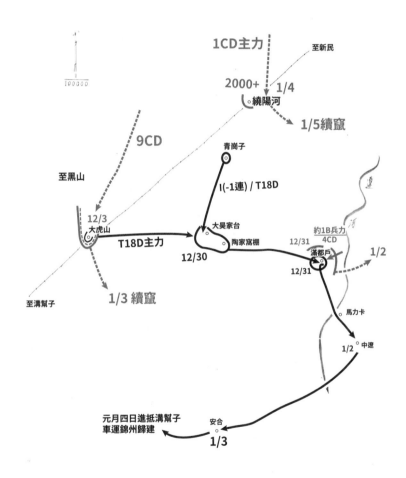

附圖七　華子溝戰鬥經過要圖
（三十六年十二月十五日至廿日）

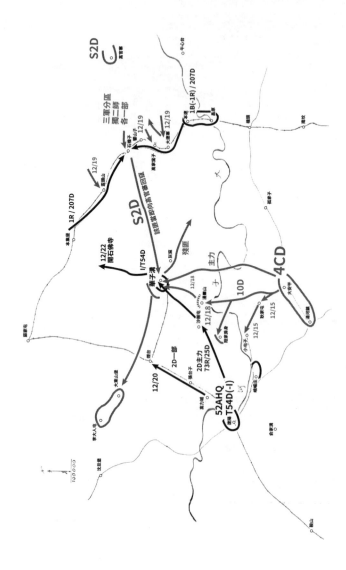

附圖八　大石橋戰鬥經過要圖
（三十六年十二月十六日至廿日）

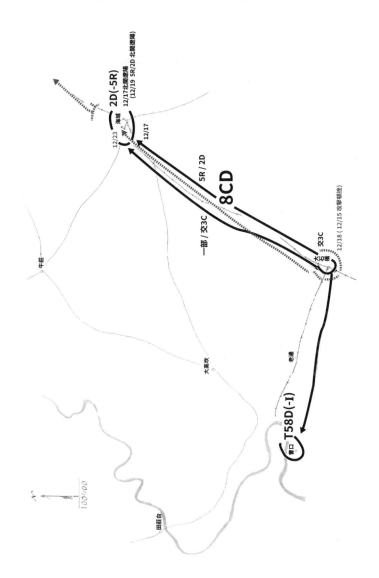

附圖九　鞍山附近戰鬥經過要圖

（三十六年時按月廿三日至廿九日）

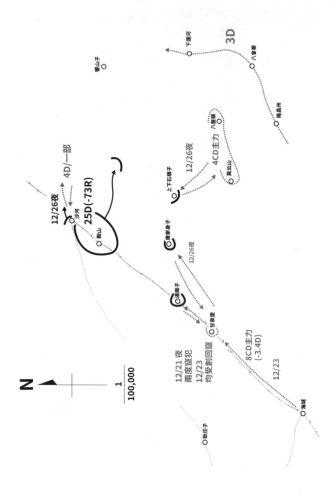

附圖十　遼陽附近戰鬥經過要圖
（卅六年十二月廿六日至卅七年一月十二日）

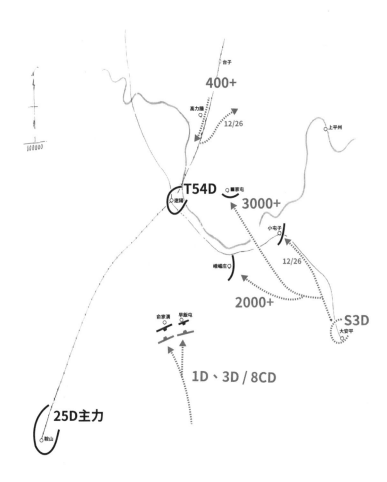

附圖十一　本溪附近戰鬥經過要圖
（三十六年十二月二十五日至卅七年一月一日）

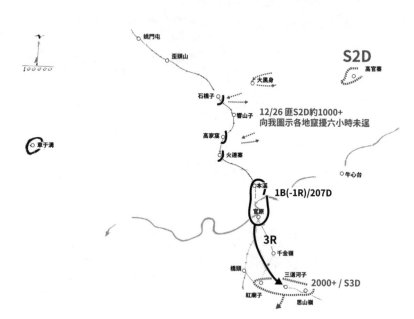

附圖十二　沙後所附近戰鬥經過要圖
（十二月十七日）

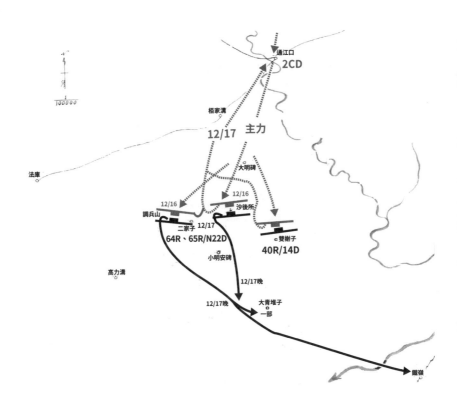

附圖十三　大孤家子附近戰鬥經過要圖
（十二月十六日）

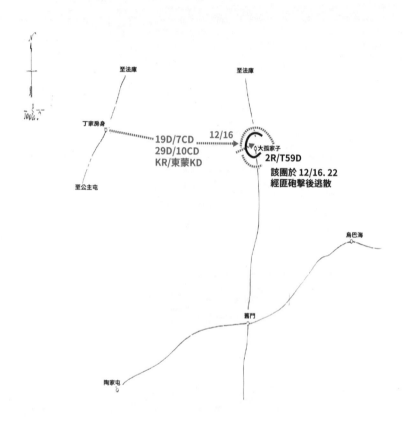

附圖十四　石佛寺附近戰鬥經過要圖
（十二月十八日至十九日）

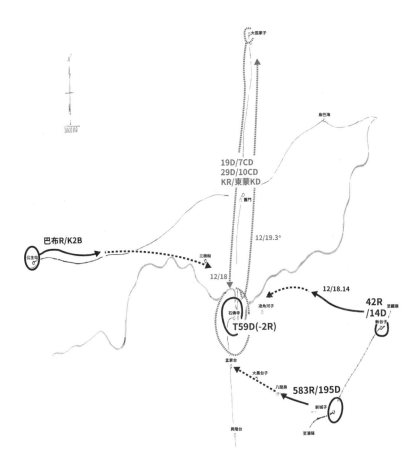

附圖十五 古城子附近戰鬥經過要圖
（三十六年十二月廿六日至廿七日）

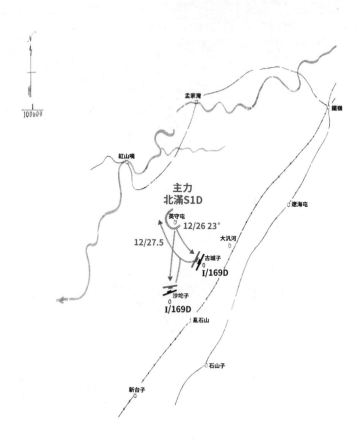

附圖十六　法庫附近戰鬥經過要圖
（十二月十六日至十二月　　日）

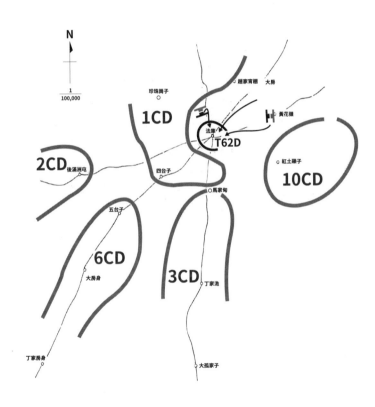

附圖十七　萬金台附近戰鬥經過要圖
（十二月廿六日至廿七日）

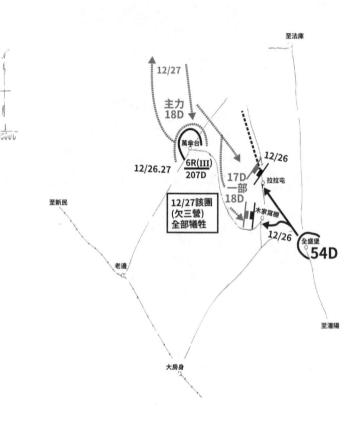

附圖十八　張士屯附近戰鬥經過要圖

（卅六年十二月廿六日至廿七日）

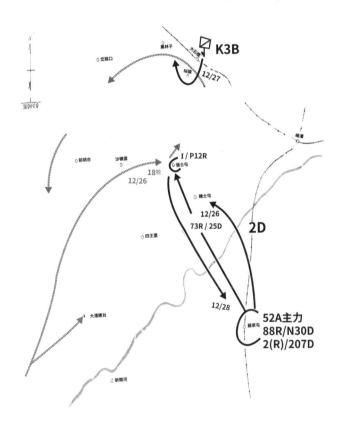

附圖十九　前後胡台附近戰鬥經過要圖

（卅六年十二月卅日至卅一日）

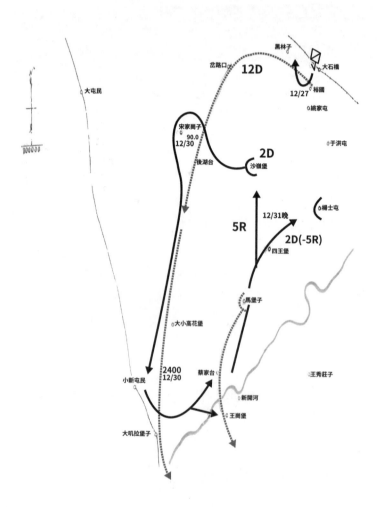

附圖二十　高台子及門台附近戰鬥經過要圖

（卅七年一月七日至九日）

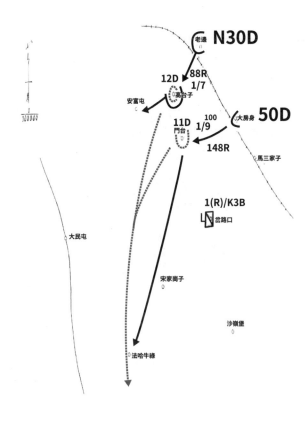

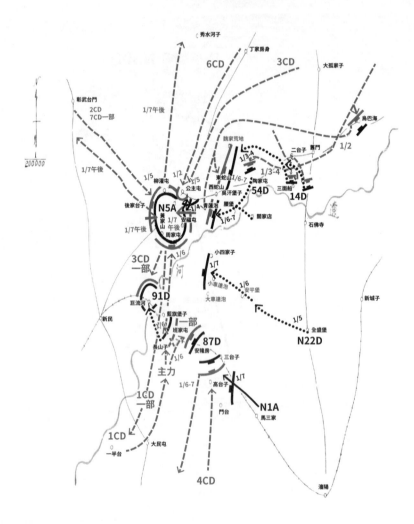

附圖二十一　公主屯附近戰鬥經過要圖
（卅七年一月二日至七日）

附圖二十二　遼河戰鬥後匪我態勢要圖

（三十七年一月十日）

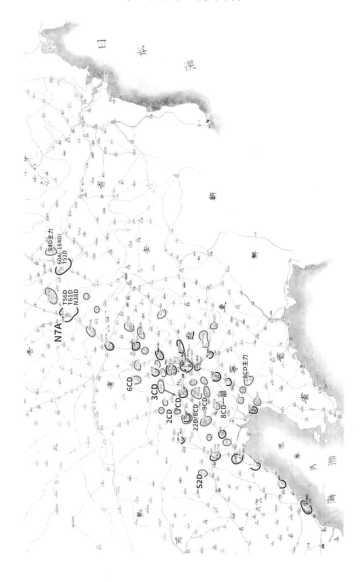

遼河戰役戰鬥經過要圖
（自卅六年十二月十二日至卅七年一月十日）

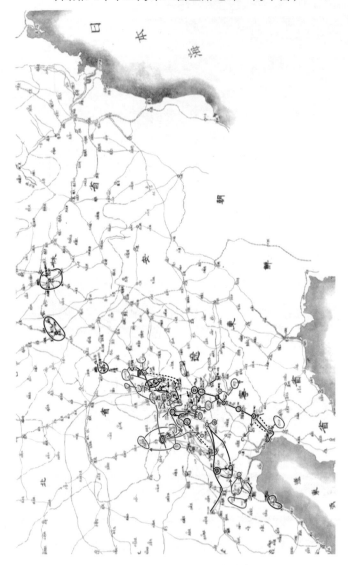

六、東北奸匪概況

中華民國卅六年五月廿四日

國防部第二廳編印

一、匪軍之編制與裝備

　　奸匪為保持其部隊之機動，與獨立作戰起見，其正規軍之編制均甚小，自班、排、連、營、團、師（旅）以至縱隊，概係三三制，而戰力較強之部隊每營則轄四個連，縱隊之編制，有轄師與轄旅之不同，縱隊內師之編制，約為四千五百人，縱隊內旅之編制，約為四千人（獨立師及獨立旅與此略同）。

　　匪軍之裝備，因武器來源及駐地之不同，而各有差異，惟就一般言之，野戰軍較軍區部隊為優，縱隊內之師、旅、團，又較獨立師、旅、團為優，野戰軍之師，均有砲兵連，縱隊均有砲兵團，至於其他如砲兵旅、機動兵團及戰車大隊等，均直轄於民主聯軍總部。

　　各種武器，日式者約佔百分之八十，如輕重機槍、山野砲等，俄式約佔百分之十，如輪盤機槍等，美式及本國製造者，約佔百分之十，此乃取之民間，及奪獲我零星部隊者。

第一表　東北民主聯軍縱隊及師（旅）之編制判斷表

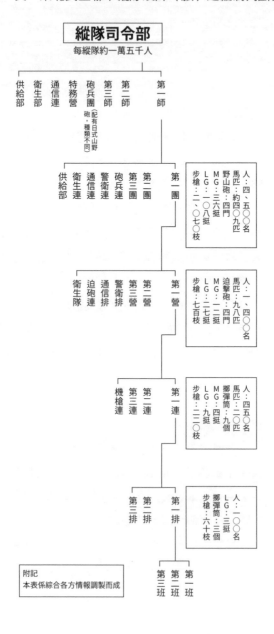

第二表　東北民主聯軍步兵旅之編制判斷表

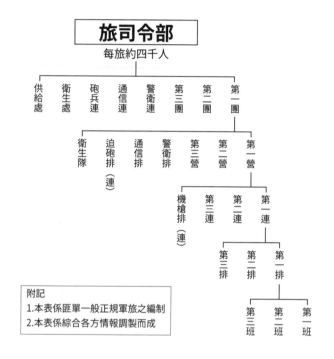

旅司令部
每旅約四千人

第一團　第二團　第三團　警衛連　通信連　砲兵連　衛生處　供給處

第一營　第二營　第三營　警衛排　通信排　迫砲排（連）　衛生隊

第一連　第二連　第三連　機槍排（連）

第一排　第二排　第三排

第一班　第二班　第三班

附記
1.本表係匪單一般正規軍旅之編制
2.本表係綜合各方情報調製而成

第三表　東北奸匪第三縱隊裝備判斷表

武器名稱	重砲（門）	三八式野砲（門）	三八式山砲（門）	六〇迫擊砲（門）	八二迫擊砲（門）
數目	4	8	4	10	18
武器名稱	重機槍（挺）	輕機槍（挺）	衝鋒槍（枝）	擲彈筒（個）	三八式步槍九九式步槍（枝）
數目	120	300	162	310	6,400

東北奸匪第一師裝備判斷表

武器名稱	山砲（門）	九二式砲（門）	戰防砲（門）	八二迫擊砲（門）
數目	1	3	3	12
武器名稱	重機槍（挺）	輕機槍（挺）	擲彈筒（個）	三八式步槍（枝）
數目	36	108	84	2,070
備考	彈藥基數 1. 步槍每枝 100 發 2. 師砲兵每門 40 發 3. 重機槍每挺 1,000 發 4. 輕機槍每挺 600 發 5. 手榴彈每兵二發每連約 200 發			

東北奸匪旅裝備判斷表

武器名稱	小砲（門）	迫擊砲（門）	重機槍（挺）	擲彈筒（個）	步槍（枝）
數目	3	6	27	54	1,846

東北匪軍編制裝備判斷表

單位	班	排	連	營	團
人數	10	30	100-110	400-450	1,200-1,400
裝備	步槍 7-8	步槍 21 輕機槍 1-2 擲彈筒 1	步槍 60-70 輕機槍 3-6 擲彈筒 3	步槍 190-220 輕機槍 9-18 擲彈筒 9 重機槍 4	步槍 700 輕機槍 27-54 重機槍 12 迫擊砲 4 通信器材

二、匪軍教育與訓練

1. 機動兵團

東北奸匪，自卅五年四月間，四平街戰役失敗後，深知其部隊戰力脆弱，乃蓄意編練新軍，因於秋季以大批物資，向甲方換得日本殘留之坦克車七十五輛，並自九月十日起，由甲方在北安，開始為奸匪分期訓練裝甲兵幹部（每期一個半月，預定先訓練五期），第一期五十名，已於十一月三日畢業，分發各機動兵團服務，第二期已於卅六年元月畢業，至卅五年十一月五日，已編成七個機動兵團，其士兵乃由各部隊抽調者，現該機動兵團，直轄於民主聯軍總司令部，兵力共約一萬四千人。

東北地區奸匪機動兵團概況表

番號	駐地	負責人
第一團	佳木斯	郝雲先
第二團	北安	不詳
第三團	一面坡	不詳
第四團	安達	不詳
第五團	泰來	不詳
第六團	雙城	不詳
第七團	敦化	不詳
備考： 每團計有 1.日式十四噸戰車七輛 2.裝甲車十六輛 3.載重車二十輛 4.三輪摩托車三輛 5.山野砲八門 6.重機槍廿一挺 7.輕機槍七十二挺 8.擲彈筒七十二具 9.高射砲三門 10.步槍五百枝		

2. 軍事學校

東北奸匪，為擴充龐大部隊，故在佔領區內，積極設立軍事學校，以培養匪軍幹部，至目前止，東北奸匪，所設立之軍事學校，計陸軍大學一、航空學校四、步兵學校二、砲兵學校三、工兵學校一、通信兵學校二、機械化學校三、軍政大學十三，及其他幹部學校，共四十二所，大部教官由甲方人員及投降日軍擔任。

第四表　東北地區奸匪軍事學校概況表

學校名稱	地址	主持人或教官	受訓人數	訓練內容
陸軍大學	方正	林彪		軍戰系 政治系 宣傳系

航空科

學校名稱	地址	主持人或教官	受訓人數	訓練內容
高等航空學校	牡丹江		400	駕駛修理
航空學校	密山		160	駕駛與機械
航空學校	哈爾濱	常乾坤		
航空學校	嫩江			

步兵科

學校名稱	地址	主持人或教官	受訓人數	訓練內容
步兵學校	哈爾濱	邱懷珍	500	
紅軍步兵學校	琿春			

備考：步兵學校之畢業學生已於卅五年八月編成一個旅。

砲兵科

學校名稱	地址	主持人或教官	受訓人數	訓練內容
砲兵學校	哈爾濱	校長朱瑞 教官多係日蘇籍	200	砲兵戰術 砲工技術
砲兵訓練班	牡丹江			
砲兵學校	齊齊哈爾		500	

備考：齊齊哈爾砲兵學校尚在受訓中。

工兵科

學校名稱	地址	主持人或教官	受訓人數	訓練內容
工兵學校	牡丹江	校長李蔭南 教官多為日俄籍	1,000	工兵技術以工兵 教程為主

備考：該校學生分甲、乙兩級，甲級為曾受工兵教育之匪軍幹部，乙級為考取之一般學生。

通信科

學校名稱	地址	主持人或教官	受訓人數	訓練內容
通信學校	佳木斯		200	
東北技術人員訓練班	哈爾濱	校長林彪兼		通信 電氣 汽車駕駛

備考：通信學校在受訓中。

機械化兵科

學校名稱	地址	主持人或教官	受訓人數	訓練內容
裝甲兵訓練班	北安		50	
戰車大隊	克東		400	除戰車訓練外並有步、砲、通三科

備考：裝甲兵訓練班第一、二期已畢業分發各機動兵團。

軍政大學

東北軍大學	佳木斯	林彪兼	1,000	高射砲照空等
東北軍政大學哈爾濱分校	哈爾濱	校長林彪兼 內有蘇籍教官廿餘人	2,000	政治 經濟 軍事
東北軍政大學合江分校	勃利	校長方■ 有蘇籍教官十餘人 外由延安派來	200	政治　經濟 軍事　測量 兵工　文藝 警察
東北軍政大學吉東分校	延吉	校長周保忠兼	數百	
東北軍政大學洮南分校	洮南	校長呂正操兼 教員多為抗大畢業者	500	
東北軍政大學泰來分校	泰來			
東北軍政大學賓縣分校	賓縣			
東北軍政大學龍江分校	齊齊哈爾		250	政治 經濟 軍事
東北軍政大學海倫分校	海倫	林彪兼		軍事 政治
東北軍政大學北滿分校	北安	校長林彪兼 副校長何長工		
東北軍政大學牡丹江分校	牡丹江		500	軍事　政治 經濟　化學

備考：1.合江分校尚在受訓中。
　　　2.北滿分校近擬籌設韓人班、蒙古班，並各招學生一千名。
　　　3.牡丹江分校在受訓中。

其他

幹部學校	佳木斯	校長林彪兼	1,000	
幹部學校	綏化		500	
幹部養成所	訥河	有日籍教官多人		
軍政幹部學校	牡丹江		100	
東北民主聯軍軍官學校	富錦	周保忠張學詩	2,000	
軍官訓練班	牡丹江		600	步、砲、工
軍官訓練所	齊齊哈爾			
新兵器研究所	牡丹江			破壞技術
破壞隊訓練班	拉法			破壞技術
鐵道破壞訓練班	哈爾濱		130	
諜報學校	牡丹江	教官多係蘇駐哈使館調來	80	情報 暗殺 破壞 通信
諜報人員訓練班	王爺廟			
測量繪圖學校	哈爾濱			測繪
女子幹部訓練團	敦化		1,800	
軍醫學校	哈爾濱			
幹部學校	牡丹江			

備考：1.東北民主聯軍軍官學校現有員生多係收編偽滿之幹部。
    2.牡丹江軍官訓練班卅五年十一月一日成立，六個月完成。
    3.新兵器研究所抽調附近部隊幹部受訓。
    4.鐵道破壞訓練班已辦至第五期。
    5.女子幹部訓練團近已畢業，分別潛入收復區內活動。

附記：1.本表係根據各方情報綜合調製而成。
    2.計陸軍大學一、航空學校四、步兵學校二、砲兵學校三、
      工兵學校一、通信兵學校二、機械化學校二、軍政大學十
      一、其他幹部訓練團所十六，共計軍事學校四十二所。

東北地區奸匪各軍事學校位置圖
（三十六年五月二十日）

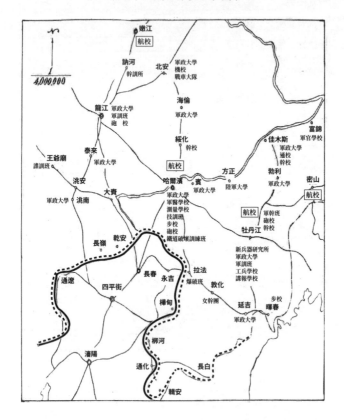

3. 空軍

奸匪在東北地區之飛機共約一百五十架，惟其
性能較低，且多屬殘毀，現時堪用者，僅四十
餘架，現東北匪區內，堪用機場約十一所。又
匪為訓練空軍幹部，先後在東北設立航空學校
四所，受訓人員共約五百餘人，所有教官及技
術人員，均係日係或甲方派來，伊等除負責教
育外，並在積極整修殘毀飛機中。

第五表　東北地區奸匪飛機場概況表

飛機場位置	備考
牡丹江	主要機場
寧安	著陸場
海寧	著陸場
哈爾濱	主要機場
佳木斯	航空基地
密山	航空基地
圖門	主要機場
汪清	著陸場
綏化	著陸場
湯原	著陸場
嫩江佐台	航空基地
合計	11

附記：奸匪共有十一個飛機場，其中航空基地三、主要機場三、著陸
　　　場五。

東北地區奸匪飛機場位署要圖（三十六年五月二十日）

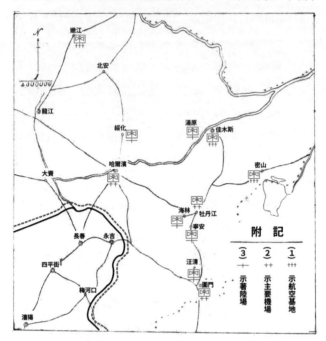

三、交通設施

　　1. 雪爬犁

　　　　奸匪為加強雪地運輸起見，先後在敦化、蛟河、
　　　　哈爾濱等地製造雪爬犁四千輛，每輛可載七人，
　　　　並裝有輕機槍一挺，其編制以百輛為一隊。

　　2. 船隻

　　　　松江解凍後，形成天然障礙，匪為陸續竄擾
　　　　計，在哈爾濱、陶賴昭、蛟河等處，整修船隻
　　　　五百餘艘，並有大部裝配馬達。

3. 鐵路

奸匪自卅五年九月起，至本（卅六）年五月止，積極修築匪區已破壞之鐵路，計已完成者：有濱綏線（哈爾濱至綏陽）、圖佳線（圖們至佳木斯）、吉敦線（蛟河至敦化）、濱北線（哈爾濱至北安）、虎林線（虎林至林口），共長一千零廿公里。正在修築中者：有拉濱線（拉法至哈爾濱）、佳蘿線（佳木斯至蘿北），共長二百三十公里。

4. 公路

吉東奸匪於四月中旬，修築自敦化經蛟河至樺甸之公路，計長一百一十公里，現仍在趕築中。

第三圖　東北奸匪冬季交通工具（雪爬犁）附圖

奸匪冬期之交通工具，每以馬三匹牽引之，上坐匪軍六名，配有輕機槍一挺，蘇式輪盤槍二枝，餘皆三八步槍。

撬之兩側備有泥土製之砲壘，厚七寸、高二尺，以禦槍彈之襲擊。

東北地區奸匪交通設施要圖（三十六年五月二十日）

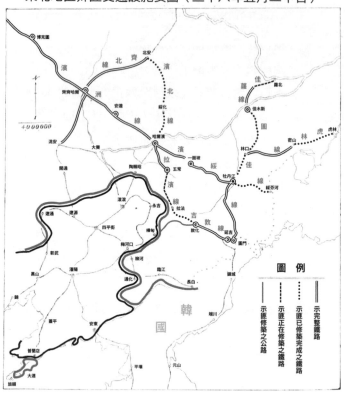

四、奸匪與甲方及韓匪之勾結

　　1. 奸匪與甲方之勾結

　　　　A. 甲方供給奸匪之武器（如第七表）。

　　　　B. 奸匪由各機關學校部隊，選拔優秀者，赴甲方留學，甲方派富於作戰經驗之甲方軍官五百人，分配匪軍中，負責指導。

　　　　C. 甲方為繼續佔領旅大地區，且可源源補給魯省匪軍起見，故盡各種手段，阻撓我方接收旅大，並以民意為藉口，製造所謂偽關東公署，以期掩護該地區之奸匪工作。

　　　　D. 一九四六年西伯利亞地區之糧荒，為歷年所罕見，故甲方與奸匪，在哈爾濱有糧穀協定，商妥匪須以大量糧穀輸蘇，作為繼續交換武器之條件。

　　2. 奸匪與韓匪之勾結

　　　　A. 韓方允將韓匪十萬，調往北滿，協助奸匪作戰，刻在佳木斯、牡丹江一帶證實者，已有五萬餘人。

　　　　B. 奸匪在北韓會寧、惠山鎮、滿浦、碧潼、朔州、新義州、龍岩浦鎮、南浦等八處，設立兵站分站，以便奸匪過境時之補給站（如第五圖）。

　　　　C. 奸匪派遣政治軍事代表團，經常駐於北韓，協助韓匪辦理有關軍事事宜。

第五圖　韓北奸匪兵站位署要圖（三十六年五月二十日）

國防部第二廳調製

第六表　日軍在東北遺留武器與甲方移交奸匪武器比較表
中華民國卅六年五月廿日　國防部第二廳調製

飛機

日軍遺留武器	區分	日軍遺留數量	甲方供給奸匪數量	甲方現有數量
500	戰鬥機	50	40	10
	轟炸機	50	39	11
	偵察機	50	16	34
	教練機	350	56	294

事實證明：四平街戰役匪戰鬥機在開源、遼源掃射。

戰車

日軍遺留武器	區分	日軍遺留數量	甲方供給奸匪數量	甲方現有數量
200	最小型	50		50
	輕戰車	90	105	
	重戰車	60	50	10

事實證明：

1. 四平街戰役匪使用戰車四輛（有像片）。
2. 第三次竄犯在德惠附近使用戰車二十餘輛。

火砲

日軍遺留武器	區分	日軍遺留數量	甲方供給奸匪數量	甲方現有數量
1,000	山野砲	650	492	158
	重砲	50	76	
	要塞砲	300		300

事實證明：匪在第三次竄犯使用火砲百餘門（內直屬砲兵八一門），杜長官有電證實。

彈藥

日軍遺留武器	區分	日軍遺留數量	甲方供給奸匪數量	甲方現有數量
751,500,000	槍彈	750,000,000	4,518,500	743,661,500
	砲彈	1,500,000	273,400	1,226,000

馬匹

日軍遺留武器	區分	日軍遺留數量	甲方供給奸匪數量	甲方現有數量
200,000	乘馬	150,000		150,000
	馱馬	50,000		50,000

汽車

日軍遺留武器	區分	日軍遺留數量	甲方供給奸匪數量	甲方現有數量
70,000	軍用	30,000	81	29,919
	民用	40,000		40,000

附記：一、本表日軍武器數字係由前關東軍第二軍參謀長所供稱。
二、蘇軍供給奸匪武器係根據各方情報統計。
三、甲方供給奸匪武器數量內有超出日軍遺留數量者（如輕戰車及重砲），判係甲國武器。

第七表　東北地區甲方供給奸匪武器數量統計表
中華民國卅六年五月廿日　國防部第二廳調製

第一期：自日本投降後（卅四年八月十五日）起至蘇軍
　　　　撤出東北（卅五年四月十七日）止。

第二期：自卅五年四平街戰役（4/17/-5/24）後至卅
　　　　五年底。

第三期：自卅六年元月起至五月十五日止。

	飛機					
	戰鬥機（架）	轟炸機（架）	偵察機（架）	運輸機（架）	練習機（架）	零件
第一期					30	
第二期	40（待修）	30（待修）	10（待修）		23	
第三期		9	6	2	3	零件一批
合計	40	39	16	2	56	
	151					

	戰車		裝甲車（輛）	火砲			
	輕戰車（輛）	重戰車（輛）		山野砲（門）	重砲（門）	迫擊砲（門）	戰防砲（門）
第一期			10	152		260	
第二期	55		146	250		9	
第三期	50	50	30	90	76	55	100
合計	105	50	186	492	76	324	100
	155			992			

	槍械			
	機槍（挺）	步槍（枝）	手槍（枝）	衝鋒槍（枝）
第一期	200	51,100	1,900	
第二期	1,750	160,000		
第三期	5,300	74,500	42,000	15,000
合計	7,250	281,600	43,900	15,000

	彈藥			汽車 （輛）	電機 （部）	汽船 （艘）
	砲彈 （發）	槍彈 （發）	手榴彈 （發）			
第一期		800,000	4,700	24		
第二期	58,000	338,500			50	
第三期	215,400	5200,000	200,000	57		30
合計	273,400	6338,500	204,700	81	50	30

五、結論：

　　奸匪於卅四年，日軍投降後，由冀魯察綏，竄入東北之兵力，僅十三萬左右，經四平街、本溪湖諸戰役，損失約五、六萬人，所餘者只七、八萬人，但經年來整補，及甲方之協助，其野戰軍目前已澎漲至廿三萬，至於裝備方面之加強，及戰術運用之進步，可於卅六年元二月份，向德惠、農安竄犯時證實，設東北匪軍，不能迅予肅清，而予以喘息之機會，後患堪虞。

　　我軍在東北之兵力，由八萬人續增至廿九萬人（不含熱河），年來人員武器損失，約三分之一，且現有之廿二萬人員中，尚有新兵一部，雖現時我軍之戰力，應付現有之匪軍，似感裕如，但我方似應早予注意。

　　東北地區，已公認為我國之生命線，我得之則復興，匪得之則易於發展，故我方應重視之，民國初年，奉軍堪戰之兵，不過二、三十萬，而竟藉東北之各種優越條件驅兵入關，直薄大江南北，前車之鑑，可資吾人借鏡，又自我外蒙獨立後，東北之戰略價值尤大，蓋我國如能確保東北及新疆之完

整，則外蒙之恢復不難，若該地區被匪久踞，以東北資源之富，及外援之便利，必將蔓延益廣，設不預為之謀，不僅外蒙不易收復，即新疆亦感受威脅，且可更進而影響世界之和平。

附件：東北地區匪我兵力概況

三十六年五月二十日　國防部第二廳調製

第一期（三十四年八月十五日至三十五年一月十三日）			
	戰力	強	弱
奸匪	番號	師　1D、2D、3D、 　　7D、8D、115D 旅　22B、23B、 　　24B、359B 獨立旅　1Bs、2Bs 警務團　2(R)	曾充林部 萬　毅部 呂正操部
	兵力小計	90,000	40,000
	兵力合計	130,000	
	軍區部隊		
	總兵力	130,000	
我軍	總兵力	80,000	

第二期（三十五年一月十三日至三十六年二月廿八日）			
	戰力	強	弱
奸匪	番號	縱隊 1CD、2CD、 　　　3CD、4CD、 　　　7CD、8CD 軍　N2A 師　1D、2D、 　　7D、8D 新編師 N1D、N2D 　　　　N3D 獨立師　2Ds、3Ds 警衛旅 　吉黑 1GB、2GB、 　　　 3GB 　吉遼 1GB、2GB 旅　359B、37B 砲兵旅　24AB、32AB 半機械化團 1R、2R、 　　　　　3R、4R、5R、 　　　　　6R、7R	東蒙自治軍 1D、2D、 　　　　　3D、4D、5D、 　　　　　6D、7D 師　184D 警衛旅 　熱遼　2GB、8GB 旅　30B、47B 保安旅　1B、2B、13B 韓義勇軍　1B、2B、 　　　　　李洪光支隊
	兵力小計	140,000	80,000
	兵力合計	220,000	
	軍區部隊	80,000	
	總兵力	300,000	
我軍	總兵力	290,000	

第三期（三十六年三月一日至五月十九日）			
	戰力	強	弱
奸匪	番號	縱隊 1CD、2CD、3CD、 　　4CD、6CD、7CD、 　　8CD 軍　N2A 師　1D、2D、3D 新編師 N1D、N2D、 　　　N3D 獨立師 1Ds、2Ds、3Ds 警衛旅 　吉黑 1GB、2GB、3GB 　吉遼 1GB、2GB 旅　37B 砲兵旅　24AB、32AB 混成師　中韓混成師 半機械化團 1R、2R、3R 　　　　4R、5R、6R 　　　　7R	東蒙自治軍 1D、2D、 　　3D、4D、5D、 　　6D、7D 師　13D、184D 警衛旅 　熱遼 2GB、8GB 旅　14B、30B、 　　47B、359B 保安　1B、2B、13B 韓義勇軍　13CD、 　　　　1B、2B 李洪光支隊
	兵力小計	150,000	79,000
	兵力合計	229,000	
	軍區部隊	61,000	
	總兵力	290,000	
我軍	總兵力	220,000	

顯著設施：

一、軍事學校

　　奸匪軍事學校計有陸軍大學一、航空學校四、步兵學校二、砲兵學校三、工兵學校一、通信兵學校二、機械化學校二、軍政大學十一，其他幹部訓練團所十六，總計四十二個，經已畢業者約萬餘人，現在受訓者約萬餘人（參考第四表）。

二、飛機場設施

　　奸匪在東北修築之飛機場計航空基地三、主要機場三、著陸場五，共計十一個（參考第二圖）。

三、交通設施

1. 鐵路

計已修築完成者一千零廿公里，正在搶修者二百卅公里（參考第四圖）。

2. 公路

計有一百一十公里尚在修築中（參考第四圖）。

3. 冬季交通工具

奸匪為適應冬季雪地運輸，於去年冬季在敦化、蛟河、哈爾濱等地徵集及製造之雪爬犁共計四千輛（每輛可乘七人）（參考第三圖）。

（註：奸匪在二月第三次竄犯德惠時，曾使用雪爬犁百餘輛）

4. 水上交通工具

奸匪近在哈爾濱、蛟河等地徵集並趕造船隻，計有馬達小船五百艘，其他船隻百餘艘。

四、甲乙勾結

甲方供給奸匪各式武器，自三四年九月起計有飛機一百五十一架、戰車一百五十五輛、裝甲車一百八十六輛、火砲九百九十二門、機槍七千二百五十挺、手槍四萬三千九百枝、步槍廿八萬一千六百枝、衝鋒槍一萬五千枝、（杜聿明卅六年四月四日電，我九三軍暫一八師在熱河清河門掃蕩戰中鹵獲匪軍俄式衝鋒槍一枝）、砲彈廿七萬三七四百發、槍彈六百三十三萬八千五百發、手榴彈廿萬零四千七百發、電機五十部、汽車八十一輛、汽船三十艘（奸匪在二、三月間竄犯德惠、農安時曾使

用戰車廿餘輛、砲八十餘門）（參考第七表）。

東北重要性：

一、東北地區為我國境線上重要之門戶，為鞏固東北邊防，必須確保其領土完整。

二、東北為我國防邊境，如匪盤據，則其外援便利，日益滋慢，清剿更為不易。

三、自外蒙獨立後，東北之戰略價值尤大，蓋東北及新疆能確保完整，則外蒙收復不難，如東北不保，新疆因之陷於絕境，外蒙收復當更不易，則不獨有關我國安全，抑且影響世界和平。

四、民國初年奉軍堪戰之兵力不過三十萬，竟驅兵入關，直薄大江南北，可資借鏡。

結論：

依右表可見奸匪在東北地區實力逐漸增強，而我軍則日益消耗，似應迅速解決關內奸匪後，進出東北九省，抑或補充關外部隊戰力，暫維局勢。

七、韓北韓軍概況

民國卅六年九月卅日　國防部第二廳製

一、前言

一九四五年第二次世界大戰末期，美蘇軍隊分別進踞朝鮮，旋以北緯三十八度為界劃分對峙，韓北蘇佔領區內即樹立韓北傀儡政權人民委員會，目前韓北存在政黨有「勞動黨」、「民主黨」、「青友黨」等黨派，實則均係蘇軍所力加扶持者，而實力則全操諸變相共產黨之勞動黨，今日之韓北實際為勞動黨統治，亦即蘇聯所控制也。

蘇聯與韓北人民委員會朋比為奸，蘇方積極扶持韓北人民委員會勢力，在政治方面，亟謀統一團結，消滅異己，在軍事方面加緊建軍，造成優勢，以為一旦美蘇撤退，朝鮮即可憑藉武力控制全韓，此亦蘇聯意圖之一也。

朝鮮在亞洲戰略位置至關重要，任何一國控制朝鮮即能威脅亞洲東北部，尤以蘇之遠東及我之東北為然，今日韓軍在蘇方唆使下，直接間接支援我東北共匪叛亂，最近共匪更利誘韓北人民委員會訂立參戰協定，將韓軍開入東北助匪作戰，更無異引狼入室，尤為吾人所當注意者。

關於韓北韓軍情報，本年度七月份以前已分別附述於韓北地區蘇軍動態各篇要報外，茲再綜合研究如後。

二、兵力駐地

（一）概說

兵力

在日本投降前，韓共（即今日之勞動黨）已有一部參雜在共匪軍中及在東北各地組織遊擊隊，日本投降，韓共部隊即隨蘇軍進入韓北，其兵力多寡雖無確實統計，惟其數量有限，裝備簡陋，此可斷言。近年來在蘇軍積極扶助下，逐漸擴展，據目前各方情報判知約有十五萬人左右（在東北者除外）。

配置

1. 新成立部隊多集中於大都市，如新義州、平壤等地補給、訓練。

2. 較為精銳部隊，在最近蘇軍將其整編成國防軍，分置韓東沿海及南北韓交界處一帶駐防。

3. 擬開入東北部隊則多集結於中韓國境，如：楚山、滿浦鎮、惠山鎮、會寧等地。

（二）兵力駐地調查（附圖一）

地區	兵力	備考
平壤	30,000 人	
滿浦鎮	10,000 人	
江界	4,500 人	
新義州	15,000 人	
清津	13,000 人	
平安南北道	15,000 人	詳細駐地不明（沿鐵道保安隊？）
其他各地	約 57,000 人	駐地未詳，判斷似係沿海地區及南北韓交界處一帶，確否待證
元山	淺水砲艦 27 艘	即係朝鮮人民義勇軍艦隊
統計	陸軍約 15 萬人	東北地區在外
統計	軍艦 27 艘	

附記：一、五月底集結平壤、楚山、會寧等地之五萬韓
　　　　　青年突擊隊，因最近已陸續開入東北，未列
　　　　　入上數。
　　　　二、目下韓軍計分有：整備隊、保安隊、義勇軍
　　　　　等部別，最近更有以一部警備隊、保安隊
　　　　　等改編為國防軍，編制裝備詳情待查。
　　　　　韓軍帽徽：係紅星與韓國旗中之紅黑螺旋
　　　　　形合成螺旋置于紅星中央。

（三）部隊調動情形

　　　關於韓北韓軍調動資料甚少，最近收獲者以在
　　　中韓國境方面為多，現分述如後。

1. 據報五月底集結平壤、楚山、惠山鎮、茂山及
　　會寧等地之五萬韓青年突擊隊，由最近下列各
　　情報判斷，似已陸續開入東北：
　　七月下旬由韓北運至敦化徒手韓軍共三萬人，
　　現已開始訓練。
　　八月上旬韓北某部韓軍三萬人，近有一部開抵
　　遼南。

2. 駐新義州及沿鴨綠江一帶之蘇軍最近減少甚
　　多，韓軍則逐漸增加。

3. 七月上旬韓保安隊八千餘由新義州竄踞安東。

4. 韓軍萬餘（攜帶武器多係日式）於七月中旬由
　　安州、江界開抵滿浦鎮，現由蘇方集中訓練。

5. 元山港現駐有朝鮮人民義勇艦隊。
　　按：該艦隊係一九四六年二月十二日成立，當

時係由蘇聯擄獲朝鮮沿岸日軍淺水砲艦二十七艘所組成，艦隊司令李朴龍少將。

又於二月間在元山港附近之麗島由蘇海軍技師協助下構築該艦椗泊基地工事，計有淺橋四處，此項工事完成後，據專家估計，可泊淺水砲艦卅一艘。

三、最近韓軍整訓情形

韓北人民委員會於蘇方支援下，積極擴軍，培植幹部，加緊徵兵，最近更廣泛宣傳目下韓北武力雄厚，美蘇佔領軍一撤退即可擊倒反對派，統一韓國，成立人民政府，其整訓情形如後。

（一）改組指揮機構

韓北人民委員會最近由蘇方駐韓軍事代表團協助於七月一日將韓北韓軍全部改組，以便統一指揮，現已實施者：

1. 組織聯合參謀本部，為韓北最高軍事決策指揮機關。

2. 成立邊境防禦軍。

3. 劃分軍略區，每一軍略區設指揮司令、聯絡參謀、主任各一。

（二）幹部

1. 基本幹部

由蘇聯歸來者，彼等原生長蘇聯，為蘇聯公民，且曾在蘇聯軍隊中服務，可謂純粹親蘇，為目前構成新韓軍軍官之一基幹。

前在韓國內或東北方面受日軍壓迫亡命西伯利
亞之遊擊隊幹員（或地下工作者），與蘇有二、
三十年相處，亦多親蘇，現亦被召歸國任職。

由延安歸來者，此輩多係共產黨黨員，曾受共
匪訓練及與共匪並肩作戰，此等韓共亦為韓軍
主要幹部之一。

2. 幹部訓練情形

韓北人民委員會為配合龐大擴軍計劃起見，于
各大城市均設有保安幹部學校，最近在平壤等
地設立軍官學校，大量培植幹部，惟訓練時間
短促，學生素質低劣，一般水準尚低，其學校
分佈與學生數量情形如後。

校名	地點	學生人數	備考
陸軍軍官學校	平壤	250	
陸軍軍官學校	新義州	？	
陸軍軍官學校	咸興	？	
軍事學院	平壤	140	
航空學校	裏崗	500	裏崗地點待查
韓共？幹部學校	新義州	580	
保安幹部學校	滿浦鎮	5,000 ？	
保安幹部學校	江界	200	
保安幹部學校	新義州	5,000	
保安幹部學校	平壤	6,000	
保安幹部學校	价川	2,000	
保安幹部學校	安州	400	
合計		20,070	內一部或已畢業

附記：一、保安幹部學校據報現有十所，除表列六所外，尚有四所駐
地未詳，又該校訓練之學生判斷非全係軍官。

二、本表係綜合各方情報調製而成。

（三）徵兵

  1. 韓北兵源估計

    朝鮮人口共約三千萬，韓南佔三分之二，自美蘇分踞南北後，韓北因糧食恐慌，及一般人民不堪蘇軍與韓北人民委員會壓迫，現逃入韓南者統計約有二百萬人，目下韓北人口至多不出九百萬，其適合徵兵標準者（年在十八－四十五歲之男子）約在一百五十萬以內，估計其能徵集適齡男子最大限度約在七十萬人左右。

  2. 徵兵情形

    （1）韓北人民委員會現（八月間）通令韓北各地強徵十七－三十歲男子，擬訓練三個月後，編組為保安預備隊。

    （2）蘇軍于八月上旬令大連、金州等地之韓僑十八－四十歲男子，準備運往韓北受訓。

    （3）韓北近以擴張軍備關係，財政異常困難，現向商民課極重之所得稅與營業稅，韓民不堪重稅壓迫與兵役痛苦，已多向韓南逃亡。

（四）整訓情形

  1. 積極裝備警備隊，並加緊戰鬥訓練。

  2. 由蘇軍派幹部至各大城市協助韓軍訓練新兵。

  3. 挑選軍官及青年派赴蘇聯受訓，最近一月（八月）來情形如下：

    （1）五月間於韓北各地遴撰曾受日人航空訓練之韓人五百名，最近送至海參崴受技術訓練為期半年。

（2）八月間招募韓青年約三千，分送蘇境內受訓。

（3）據諜員八月十三日報稱：中、日、韓青年萬餘最近於莫斯科受訓完畢，擬送回我國助匪叛亂。

　　（附蘇在雙城子設有共產青年學校，可容學生二百－一千名，據報韓青年多自該校受訓後返國者。）

四、韓軍參加東北共匪作戰協定

（一）內容

1. 韓軍參加東北共匪作戰條件，曾於東北共匪第五次攻勢前（五月底以前）在佳木斯共、韓、蒙聯席會議決定：

（1）韓軍所須彈藥、武器、輜重之補給由共匪及蘇軍擔任。

（2）共匪允許自營口東北至圖門劃一直線，在此線以東地區由韓軍接防。

（3）任命韓金曉山為十三集團軍總司令，並容納蘇方介紹政工、參謀及技術人員（此項人員大部為韓北幹部，現在蘇受訓者）。

　　（按金曉山係東北韓軍副總司令，總司令由金日成兼）

2. 另據報韓北政府與共匪協定之參戰條件，為共匪革命成功，將東北一部劃為朝鮮人民自治區。

（二）研究

1. 此協定以係受蘇方指示者，蘇既有永踞旅大意

圖，並為使旅大、韓北連成一氣起見，故使韓
軍盤踞于此地區（指營口－圖們線以東以下
同），使東北局勢益趨複雜，以坐收漁人之利。

2. 按現在東北之韓軍集結此地區附近者，約佔總數
（約十四萬五千）百分之六十以上，韓北人民
委員會對此協定，似有擴張韓北勢力範圍，並
藉以養軍於外，解決韓北部份糧荒。

3. 東北韓僑據各方情報綜合統計約在一五○－二
○○萬之間，大部亦集中此地區，故韓北人民
委員會駐軍於此，實有加強統制韓僑之企圖，
並可為號召韓軍開入東北護僑之藉口。

4. 韓北人民委員會既與共匪朋比為奸，今日韓軍協
助共匪叛亂，實為他日獲取共匪支援以謀奪韓
國政權之先聲。

5. 共匪允將此地區由韓軍接防，按其用意不外為牽
制我兵力使不能集中收復失地，並於東北共匪出
擊時可任對我瀋長之側擊部隊，助長其聲勢。

韓北韓軍兵力駐地判斷要圖（三十六年九月卅日）

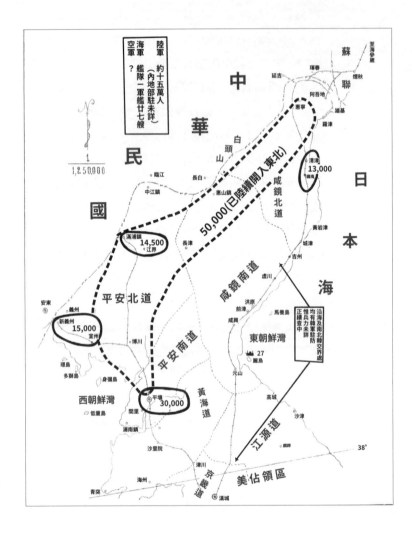

韓北韓軍最近動態判斷要圖（三十六年九月卅日）

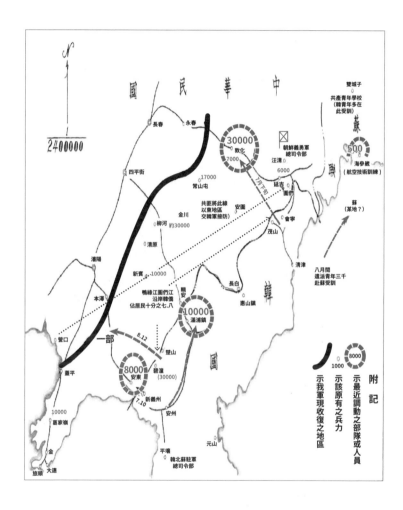

八、東北方面狀況及一般重要事項

卅六年十一月廿八日李處長攜北平呈主席蔣簽呈副稿

關于東北方面狀況除隨時報告外，謹再將一般重要事項條呈如次。

甲、作戰方面

一、確保北寧路為東北、華北兩戰場今後之主要任務，尤以關外段為甚，但北寧路跨兩行轅地境及冀、熱、遼三省邊區，欲求確保無虞，除應增加一個強有力之軍（或整編師）外，擬請成立一統一機構（兵團或邊區總司令均可），以專責成。

二、遼河封凍在即，營口為匪必攻之地，為確保容易及利爾後作戰計，已令 52A 覃軍長指揮 52A（2D、25D、T58D）、N5A 之 195D 及交三總隊於日內開始行動，恢復海城、大石橋，限十二月上旬完成之。

三、長春、永吉兩孤立據點難以持久，擬恢復吉長交通以利守備，但終以兵力不足，未克實施。

四、東北匪軍實力達四十萬以上，國軍顯見劣勢，擬請設法增加軍隊，以維艱局。

乙、部隊整編補充及裝備

一、九月以前東北軍隊單位，大小計四十八個，編制人數為 578,455，經一再整編，汰弱留強，

截至十一月廿五日止減為廿六個單位，編制
人數為 527,358，計裁去單位廿二個，人數
51,077 員名，其詳情如附表。

二、交警第二總局發放糧餉人員在五萬以上，而
實力不足三萬，且因裝備不良與缺乏訓練，
保護鐵路仍賴國軍，又交警第一總局第三總
隊年來在東北作戰，戰績尚佳，惟人數僅
二千七百餘，擬連同交警第二總局（共十二個
團），全部合併編為三個師，與其他各軍內之
老師調配編為一個軍。

三、目前東北國軍缺額共約 14 萬人，為早事補充
計，已令于十一月十六日開始徵兵，至十二
月底徵足六萬名，尚缺乏八萬名，擬于卅六
年一至二月再徵六萬名，其不足之二萬名擬
請由關內撥補。

四、國軍經年來剿匪武器損耗甚鉅，關外亦然，為
免運輸不便，擬擴大瀋陽附近兵工產量，期
能自給自足，惟各單位于接收工廠之時，分
配不宜，致難發揮效能，擬按兵工、汽車等
類統一調整，並請增加經費，以便早日擴大
產量。

丙、其他事項

一、東北地區日漸縮小，物資缺乏，故生活特為高
昂，一般官兵生活甚為窮苦，同時各級司令部
經費亦大感不足，請予以設法改善。

二、東北各部隊一般紀律雖經三月之整飭，似見稍
　　有改善，惟未入理想之境，尤以一般高級官長
　　生活腐化，致官兵間情感多有隔閡，今後當仍
　　努力整飭。

貳、東北行轅墊撥各機關經費暨糧款統計表

一、東北行轅卅六年九月三日至十二月底止各月份墊撥各機關經費分類表

單位：流通券元

		九月份	十月份
地方機關		1,377,835,722	3,222,663,552
中央機關	交通	7,848,353,418	10,243,324,539
	工礦	1,320,000,000	9,743,000,000
	農田水利	300,000,000	14,415,652
	田糧	441,500,000	658,500,000
	一般經濟	150,159,498	251,157,800,000
	教育	496,678,024	1,311,884,352
	司法	301,000,000	484,340,000
	軍事	11,888,857,123	24,569,075,462
	財政	24,761,155	23,488,662
	外交	24,567,329	107,966,071
	衛生		10,000,000
	行轅及本會	174,433,315	271,015,780
	合計	1,377,835,722	72,594,810,518
黨團			30,000,000
總計		24,348,145,584	75,847,474,070

		十一月份	十二月份
地方機關		2,716,873,577	5,959,175,795
中央機關	交通	12,576,523,324	36,077,721,350
	工礦		7,177,000,000
	農田水利	8,169,013	352,754,773
	田糧		30,000,000,000
	一般經濟	396,031,367	2,281,149,533
	教育	100,551,270	822,592,851
	司法	279,820,000	1,446,637,775
	軍事	3,084,054,449	74,916,450,000
	財政		
	外交	60,169,705	202,919,931
	衛生		
	行轅及本會	374,920,381	252,785,256
	合計	16,880,239,509	153,530,010,469
黨團		108,912,111	252,912,111
總計		19,706,025,197	159,742,098,375

		百分比	合計
地方機關		4.8	13,276,548,646
中央機關	交通	23.9	66,745,922,631
	工礦	6.5	18,240,000,000
	農田水利	0.3	675,339,438
	田糧	11.1	31,100,000,000
	一般經濟	10.0	27,985,140,398
	教育	1.0	2,731,706,497
	司法	0.9	2,511,796,775
	軍事	40.9	114,458,437,034
	財政	0.0	48,249,817
	外交	0.1	395,623,036
	衛生	0.0	10,000,000
	行轅及本會	0.4	1,073,154,732
	合計	95.1	265,975,370,358
黨團		0.1	39,184,222
總計		100.0	279,643,743,226

二、東北行轅卅六年九月三日至十二月底止各月份墊撥各機關經費分類細表

單位：流通券元

（一）地方機關

	九月份	十月份
遼寧省政府	300,000,000	512,761,780
安東省政府	119,203,577	794,664,183
遼北省政府	180,000,000	424,978,500
吉林省政府	445,000,000	377,941,520
松江省政府	21,790,630	141,399,616
合江省政府	19,883,324	34,766,862
嫩江省政府	32,666,148	41,478,104
興安省政府	18,772,826	34,416,356
黑龍江省政府	17,551,570	31,854,460
大連市政府	11,039,879	46,438,263
哈爾濱市政府	8,367,403	13,436,853
瀋陽市政府	105,694,600	345,694,600
長春市政府	105,000,000	90,000,000
各省保安經費		127,275,545
松北聯立中學	2,865,765	122,910,635
蒙旗聯防指揮部		65,817,000
瀋陽防空司令部		16,829,275
瀋陽中學進修班		
瀋陽師資訓練所		
長春中學進修班		
合計	1,377,835,722	3,222,663,552

	十一月份	十二月份	合計
遼寧省政府	84,587,395	372,157,295	1,269,506,470
安東省政府	165,900,102	665,908,061	1,745,675,923
遼北省政府	261,417,395	734,189,278	1,600,588,173
吉林省政府	601,137,641	1,704,509,512	3,128,588,673
松江省政府	67,003,475	68,072,906	298,266,627
合江省政府	64,394,864	65,938,077	184,983,127
嫩江省政府	66,450,663	56,340,086	186,935,001
興安省政府	60,539,823	57,742,861	171,471,866
黑龍江省政府	62,669,562	62,212,775	174,288,367
大連市政府	49,711,866	45,634,641	152,824,649
哈爾濱市政府	28,448,309	19,349,281	69,601,847
瀋陽市政府	955,694,600	1,588,584,560	2,995,668,360
長春市政府			195,000,000
各省保安經費			127,275,545
松北聯立中學	210,895,881	336,097,062	672,769,342
蒙旗聯防指揮部	28,022,000	28,022,000	121,861,000
瀋陽防空司令部	10,000,000	105,407,400	132,236,675
瀋陽中學進修班		9,460,000	9,460,000
瀋陽師資訓練所		33,990,000	33,990,000
長春中學進修班		5,560,000	5,560,000
合計	2,716,873,576	5,956,175,795	13,276,548,646

（二）中央機關（交通）

	九月	十月
交通特派員辦公處	5,622,675,068	6,154,366,086
中長鐵路局	786,678,350	1,420,000,000
第九電信局	254,000,000	100,000,000
郵政管理局	295,000,000	188,958,453
交通第二總局	890,000,000	2,380,000,000
木材採購委員會		
運輸總局		
小計	7,848,353,418	10,242,324,539

	十一月	十二月	合計
交通特派員辦公處	8,172,543,000	12,467,940,613	32,417,524,767
中長鐵路局	1,290,000,000	6,395,111,110	9,891,789,460
第九電信局	775,640,254	1,554,664,851	2,684,305,105
郵政管理局	622,842,000	759,434,797	1,866,235,250
交通第二總局	430,000,000	4,958,950,497	8,658,950,497
木材採購委員會	1,000,000,000		1,000,000,000
運輸總局	285,498,070	9,941,619,482	10,227,117,552
小計	12,576,523,324	36,077,721,250	66,745,922,631

（三）中央機關（工礦）

	九月	十月
資源委員會東北辦事處	1,320,000,000	9,743,000,000
撫順礦務局		
小計	1,320,000,000	9,743,000,000

	十一月	十二月	合計
資源委員會東北辦事處		3,177,000,000	14,240,000,000
撫順礦務局		4,000,000,000	4,000,000,000
小計		7,177,000,000	18,240,000,000

（四）中央機關（農田水利）

	九月	十月
農耕曳引機管理處		
農林部辦事處		5,000,000
長春實驗林場		9,415,652
農事實驗場		
東北水利總局	300,000,000	
小計	300,000,000	14,415,652

	十一月	十二月	合計
農耕曳引機管理處		29,000,000	29,000,000
農林部辦事處			5,000,000
長春實驗林場	8,169,013	5,843,000	23,427,665
農事實驗場		10,000,000	10,000,000
東北水利總局		307,911,773	607,911,773
小計	8,169,013	352,754,773	675,339,438

（五）中央機關（田糧）

	九月	十月
田賦糧食管理處	441,500,000	658,500,000
民糧		
小計	441,500,000	658,500,000

	十一月	十二月	合計
田賦糧食管理處			1,100,000,000
民糧		30,000,000,000	30,000,000,000
小計		30,000,000,000	31,100,000,000

（六）中央機關（一般經費）

	九月	十月
統一接收委員會	93,659,498	62,300,000
物資調節委員會		25,000,000,000
生產管理局	45,000,000	84,000,000
農村合作事務局	11,500,000	11,500,000
小計	150,159,498	25,157,800,000

	十一月	十二月	合計
統一接收委員會	180,000,000	195,149,533	531,109,031
物資調節委員會			25,000,000,000
生產管理局	129,000,000	2,086,000,000	2,344,000,000
農村合作事務局	87,031,367		110,031,367
小計	396,031,367	2,281,149,533	27,985,140,398

（七）中央機關（教育）

	九月	十月
東北大學	200,000,000	200,000,000
長春大學		600,000,000
長白師範		80,000,000
瀋陽醫學院	200,000,000	80,000,000
瀋陽博物館	18,000,000	32,000,000
中山中學	6,000,000	60,000,000
葫蘆島商船學校		16,000,000
永大先修班	7,700,000	25,700,000
錦大先修班	7,700,000	23,700,000
東大先修班		16,000,000
東北科學院	4,000,000	10,000,000
警五分校	53,278,024	168,484,352
小計	496,678,024	1,311,884,352

	十一月	十二月	合計
東北大學		239,600,000	639,600,000
長春大學			600,000,000
長白師範	26,000,000	35,200,000	141,200,000
瀋陽醫學院		244,600,000	524,600,000
瀋陽博物館			50,000,000
中山中學		90,500,000	156,500,000
葫蘆島商船學校			16,000,000
永大先修班			33,400,000
錦大先修班		4,000,000	35,400,000
東大先修班			16,000,000
東北科學院	12,000,000	8,000,000	34,000,000
警五分校	62,551,270	200,692,851	485,006,497
小計	100,551,270	822,592,851	2,731,706,497

（八）中央機關（司法）

	九月	十月
遼寧高等法院	120,000,000	233,700,000
吉林高等法院	50,000,000	167,900,000
遼北高等法院	106,000,000	57,740,000
安東高等法院	25,000,000	25,000,000
司法行政部特派員辦事處		
小計	301,000,000	484,340,000

	十一月	十二月	合計
遼寧高等法院	105,000,000	719,876,775	1,178,576,775
吉林高等法院	85,000,000	365,600,000	668,500,000
遼北高等法院	50,000,000	235,760,000	449,500,000
安東高等法院	35,000,000	125,400,000	210,400,000
司法行政部特派員辦事處	4,820,000		4,820,000
小計	279,820,000	1,446,636,775	2,511,796,775

（九）中央機關（軍事）

	九月	十月
空軍司令部	200,000,000	1,010,000,000
第六補給區	7,739,458,160	1,001,167,500
城防工事委員會	234,475,626	675,853,428
秦葫港口司令部		
騎兵司令部		
瀋陽被服廠		
第九十工廠		
軍糧	3,714,896,337	21,882,054,534
小計	11,888,857,123	24,569,075,462

	十一月	十二月	合計
空軍司令部	35,000,000	670,000,000	1,915,000,000
第六補給區	324,900,000	16,288,450,000	35,354,002,660
城防工事委員會	711,687,249	250,000,000	1,872,016,303
秦葫港口司令部	12,467,249		12,467,200
騎兵司令部		200,000,000	200,000,000
瀋陽被服廠		3,000,000,00	3,000,000,000
第九十工廠	1,000,000,000	1,000,000,000	2,000,000,000
軍糧	1,000,000,000	53,508,000,000	80,104,950,871
小計	3,084,054,449	74,916,450,000	114,458,437,034

（十）中央機關（財政）

	九月	十月
縣銀行監理會		23,488,662
財政部特派員辦公處	24,761,155	
小計	24,761,155	23,488,662

	十一月	十二月	合計
縣銀行監理會		23,488,662	23,488,662
財政部特派員辦公處	24,761,155		24,761,155
小計	24,761,155	23,488,662	48,249,817

（十一）中央機關（外交）

	九月	十月
外交部特派員辦公處	8,232,666	7,078,106
韓僑辦事處	16,334,663	91,639,965
留用日籍員工管理處		9,248,000
小計	24,567,329	107,966,071

	十一月	十二月	合計
外交部特派員辦公處	19,212,209	21,801,931	56,325,459
韓僑辦事處	23,091,209	171,870,000	302,935,837
留用日籍員工管理處	17,856,740	9,248,000	36,361,740
小計	60,169,705	202,919,931	395,623,036

（十二）中央機關（衛生）

	九月	十月
衛生實驗分院		10,000,000
小計		10,000,000

	十一月	十二月	合計
衛生實驗分院			10,000,000
小計			10,000,000

（十三）中央機關（行轅及本會）

	九月	十月
政務委員會		
政治委員會		124,515,780
經濟委員會	174,433,315	146,500,000
小計	174,433,315	271,015,780

	十一月	十二月	合計
政務委員會		252,785,256	252,785,256
政治委員會	194,920,381		319,436,161
經濟委員會	180,000,000		500,933,315
小計	374,920,381	252,785,256	1,073,154,732

（十四）中央機關（合計）

	九月	十月
合計	22,970,309,862	72,594,810,518

	十一月	十二月	合計
合計	16,880,239,509	153,530,010,469	265,975,370,358

（十五）黨團

	九月	十月
中央黨部所屬印刷廠及報社		30,000,000
三青團遼寧省支團部		
三青團遼北省支團部		
三青團安東省支團部		
三青團松江省支團部		
三青團嫩江省支團部		
三青團興安省支團部		
三青團黑龍江省支團部		
三青團合江省支團部		
三青團哈爾濱市支團部		
三青團大連市支團部		
三青團吉林省支團部		
中訓團東北分團		
合計		30,000,000

	十一月	十二月	合計
中央黨部所屬印刷廠及報社		10,000,000	40,000,000
三青團遼寧省支團部	33,569,214	33,569,214	67,138,428
三青團遼北省支團部	12,032,173	12,052,173	24,064,346
三青團安東省支團部	11,806,217	11,806,217	23,612,434
三青團松江省支團部	14,484,042	14,484,042	28,968,084
三青團嫩江省支團部	3,825,128	3,825,128	7,650,256
三青團興安省支團部	6,201,630	6,201,630	12,403,260
三青團黑龍江省支團部	10,809,869	10,809,869	21,619,738
三青團合江省支團部	3,206,130	3,206,130	6,412,260
三青團哈爾濱市支團部	7,903,108	7,903,108	15,806,216
三青團大連市支團部	5,074,660	5,074,660	10,149,200
三青團吉林省支團部		34,000,000	34,000,000
中訓團東北分團		100,000,000	100,000,000
合計	108,912,111	252,912,111	391,824,222

（十六）總計

	九月	十月
總計	24,348,145,584	75,847,474,070

	十一月	十二月	合計
總計	19,706,025,197	15,742,098,375	279,643,743,226

三、瀋陽中央銀行卅六年九至十二月份
由關內匯撥東北各機關經費統計表

單位：流通券元

（一）國軍

	九月	十月
第六補給區司令部	35,599,200,000	
第九十兵工廠	2,090,000,000	776,000,000
第三四汽車廠	200,000,000	29,000,000
瀋陽被服工廠	500,000,000	400,000,000
憲兵第六團	29,000,000	30,000,000
空軍第一軍區司令部	303,000,000	274,000,000
空軍航空工業組	31,000,000	11,000,000
空軍第一供應分處	118,000,000	120,000,000
鐵道軍運指揮部	5,620,000	
空軍通信氣象工程隊		
憲兵教導團		
小計	38,875,820,000	15,641,000,000

	十一月	十二月	合計
第六補給區司令部	50,693,060,000	7,612,034,230	107,905,288,650
第九十兵工廠	2,187,000,000	36,579,924,401	41,632,924,401
第三四汽車廠	158,000,000	1,511,184,000	1,898,184,000
瀋陽被服工廠	435,000,000	26,700,000,000	28,035,000,000
憲兵第六團	69,000,000	526,733,462	654,733,462
空軍第一軍區司令部	91,000,000	1,784,212,308	2,452,212,508
空軍航空工業組	54,000,000	145,670,029	241,760,029
空軍第一供應分處	146,300,000	1,263,835,867	1,648,135,867
鐵道軍運指揮部			5,620,000
空軍通信氣象工程隊		531,896,941	531,896,941
憲兵教導團		403,527,212	403,527,212
小計	53,833,360,000	77,059,108,650	185,409,288,650

（二）學校

	九月	十月
東北大學	206,390,000	189,910,000
東北大學先修班	36,000,000	4,660,000
永吉大學先修班		45,690,000
警校第五分校	14,000,000	18,190,000
長白師院	112,430,000	76,930,000
國立瀋陽醫學院	82,160,000	136,460,000
中山中學	21,660,000	26,240,000
錦州大學先修班		55,160,000
遼海商船學校	33,270,000	
長春大學	22,710,000	
中正大學		
師資訓練所		
小計	528,620,000	553,240,000

	十一月	十二月	合計
東北大學	127,000,000	3,816,990,500	4,340,290,500
東北大學先修班	45,420,000	1,550,000,000	1,636,080,000
永吉大學先修班			45,690,000
警校第五分校	5,460,000	170,000,000	207,650,000
長白師院	77,000,000	253,000,000	519,360,000
國立瀋陽醫學院	99,000,000	231,000,000	548,620,000
中山中學		360,000,000	407,900,000
錦州大學先修班		388,632,000	443,792,000
遼海商船學校			33,270,000
長春大學			22,710,000
中正大學		41,074,546	41,074,546
師資訓練所		524,892,000	524,892,000
小計	353,880,000	7,335,589,046	8,771,329,046

（三）機關

	九月	十月
東北行轅	3,830,000	167,820,000
遼寧遼北安東 監察使署		
衛生實驗院	4,000,000	5,000,000
東北水利工程總局		194,960,000
財政部特派員辦公處		20,830,000
農林部特派員辦公處		1,320,000
國立博物院		12,530,000
遼安區稅務管理局	2,740,000	3,840,000
外交部特派員辦公處	2,240,000	
遼寧省政府	4,000,000	98,810,000
電信總台第八分台		
安東省政府		29,730,000
遼北省政府		36,710,000
吉林省政府		54,840,000
瀋陽市政府		320,670,000
第二交通警總局		1,400,000,000
在瀋各省市府		
各高等法院		
其他	623,800,000	447,450,000
小計	640,610,000	2,794,510,000

	十一月	十二月	合計
東北行轅	93,030,000	3,514,850,000	3,779,530,000
遼寧遼北安東監察使署	56,000,000		56,000,000
衛生實驗院	34,820,000		43,820,000
東北水利工程總局			194,960,000
財政部特派員辦公處	10,000,000		30,830,000
農林部特派員辦公處			1,320,000
國立博物院	3,010,000	192,000,000	207,540,000
遼安區稅務管理局		8,507,400,600	8,513,980,600
外交部特派員辦公處			2,240,000
遼寧省政府		60,000,000	162,810,000
電信總台第八分台	830,000		830,000
安東省政府			29,730,000
遼北省政府		4,000,000	40,710,000
吉林省政府			54,840,000
瀋陽市政府			320,670,000
第二交通警總局			1,400,000,000
在瀋各省市府		1,133,090,000	1,133,090,000
各高等法院		1,186,598,000	1,186,598,000
其他	553,400,000	2,303,562,816	3,928,212,816
小計	751,090,000	16,901,501,416	21,087,711,416

（四）合計

	九月	十月
合計	40,045,050,000	18,988,750,000

	十一月	十二月	合計
合計	54,938,330,000	101,296,199,112	215,268,329,112

四、三十六年度九至十二月份墊撥糧款統計表

（一）軍糧部份

	九月份	十月份
遼寧省田糧處	流 3,262,287,274	流 3,262,287,274
遼北省田糧處	流 92,246,667	流 92,246,667
吉林省田糧處	流 760,316,667	流 760,316,667
合計	流 4,114,850,608	流 4,114,850,608

	十一月份	十二月份	合計
遼寧省田糧處	流 11,212,114,651	流 3,424,000,000	流 21,160,689,199
遼北省田糧處		流 547,400,000	流 731,893,334
吉林省田糧處	流 395,720,630	流 2,420,600,000	流 4,336,953,964
合計	流 11,607,835,281	流 6,392,000,000	流 26,229,536,497

（二）民糧部份

	九月份	十月份
物調會		流 25,000,000,000
瀋陽市政府		
糧食部關次長		
合計		流 25,000,000,000

	十一月份	十二月份	合計
物調會			流 25,000,000,000
瀋陽市政府	流 3,000,000,000		流 3,000,000,000
糧食部關次長	流 180,000,000,000	法 50,000,000,00	法 230,000,000,000
合計	流 3,000,000,000 法 180,000,000,000	法 50,000,000,00	流 28,000,000,000 法 230,000,000,000

（三）總計

	九月份	十月份
總計	流 4,114,850,608	流 29,114,850,608

	十一月份	十二月份	合計
總計	流 14,607,835,281 法 180,000,000,00	流 6,392,000,000 法 50,000,000,000	流 54,229,536,497 法 230,000,000,000

說明：一、瀋陽市政府係由四聯貨款參拾億元。

二、南中購糧法幣壹千八百億元，係由滬央行墊撥。

三、保安團糧款法幣五百億元，預定於十二月中由國庫署撥付糧食部代購。

五、東北各省購撥軍糧統計表

（一）遼寧

	九、十月份	十一月份
品種		
配額（包）		
已發糧款（元）	6,524,574,548	11,212,114,657
發款日期		
十一月內已購糧數		
十二月內已購糧數		
已購糧數合計		
十二月底應購糧數		
欠購糧數	119,767	

	十二、元月份	
品種	正	什
配額（包）	13,000	57,000
已發糧款（元）	6,848,000,000	15,000,000,000
發款日期	12/2	12/26
十一月內已購糧數	93,708	13,924
十二月內已購糧數	10,756	33,087
已購糧數合計	104,464	47,011
十二月底應購糧數		
欠購糧數		

	二、三月份		合計
品種	正	什	
配額（包）	13,000	57,000	140,000
已發糧款（元）	6,848,000,000	12,440,000,000	58,872,689,205
發款日期	12/13	12/28	
十一月內已購糧數			107,632
十二月內已購糧數			43,843
已購糧數合計			151,475
十二月底應購糧數			189,767
欠購糧數			38,292

（二）遼北

	九、十月份	十二、元月份
品種		什
配額（包）		17,000
已發糧款（元）	184,493,334	1,000,000,000 94,800,000
發款日期		11/20 12/2
十一月內已購糧數		6,165
十二月內已購糧數		5,953
已購糧數合計		12,118
十二月底應購糧數		
欠購糧數	8,307	

	二、三月份	合計
品種	什	
配額（包）	17,000	34,000
已發糧款（元）	1,094,800,000	2,374,093,334
發款日期	12/13	
十一月內已購糧數		6,165
十二月內已購糧數		5,953
已購糧數合計		12,118
十二月底應購糧數		25,307
欠購糧數		13,189

（三）吉林

	九、十月份	十一月份
品種		
配額（包）		
已發糧款（元）	1,520,633,334	395,720,630
發款日期		
十一月內已購糧數		
十二月內已購糧數		
已購糧數合計		
十二月底應購糧數		
欠購糧數	95,207	

	十二、元月份	
品種	正	什
配額（包）	37,000	16,000
已發糧款（元）	4,841,200,000	
發款日期	12/2	
十一月內已購糧數		
十二月內已購糧數		
已購糧數合計	4,630	5,461
十二月底應購糧數		
欠購糧數		

	二、三月份		合計
品種	正	什	
配額（包）	37,000	16,000	106,000
已發糧款（元）	4,841,200,000		11,598,753,964
發款日期	12/13		
十一月內已購糧數			
十二月內已購糧數			
已購糧數合計			10,091
十二月底應購糧數			148,207
欠購糧數			138,116

（四）總計

	總計
品種	
配額（包）	280,000
已發糧款（元）	72,845,536,503
發款日期	
十一月內已購糧數	
十二月內已購糧數	
已購糧數合計	173,684
十二月底應購糧數	363,281
欠購糧數	189,597

說明：

（一）前經委會飭遼寧田糧處購屯糧大米十一萬包，奉令由該處洽關次長、楊主委在滬購辦，本表未列。

（二）本會十二月廿六日撥發遼寧田糧處轉撥第六補給區代金九拾七億九千貳百六拾壹萬四千元，應抵正糧二四、二五〇包，款糧兩數，本表均未計列。

（三）第六補給區奉令空投北票、法庫、彰武糧款九億元，係由遼寧省撥交空投，結果未據報告。

（四）各省十二月底應購糧數，係指元月以前個案應購數之和。

（五）各省九、十月份欠購糧數欄內所列數字，係各該省截至十月底止欠購十一月以前各案糧數之總和。

參、國民政府主席東北行轅政治委員會職員錄

中華民國三十五年十二月三十一日
政治委員會人事編印

（一）

職別	主任委員	籍貫	江西
姓名	熊式輝	學歷	日本陸軍大學畢業
別號	天翼	簡歷	曾任淞滬警備司令、江西省委兼主席、駐美軍事代表團團長、中央設計局秘書長
年齡	54	永久通訊處	

職別	委員	籍貫	吉林
姓名	莫德惠	學歷	北洋高等巡警學堂畢業
別號	柳忱	簡歷	曾任奉天省長、東北政委會委員、中東鐵路督辦、中蘇會議全權代表
年齡	64	永久通訊處	北平北城翔鳳胡同5號

職別	委員	籍貫	遼寧
姓名	朱霽青	學歷	
別號		簡歷	
年齡		永久通訊處	

職別	委員	籍貫	吉林
姓名	萬福麟	學歷	東北陸軍講武堂畢業
別號	壽山	簡歷	曾任旅團師軍長、邊防軍副司令、黑龍江遼寧省主席、中央執委、軍事委員會委員
年齡	65	永久通訊處	北平西城槐樹胡同1號

職別	委員	籍貫	黑龍江
姓名	馬占山	學歷	
別號	秀芳	簡歷	
年齡		永久通訊處	北平無量大人胡同甲 57 號

職別	委員	籍貫	吉林
姓名	鄒作華	學歷	日本陸軍士官學校畢業
別號	岳樓	簡歷	曾任砲兵軍長、中央砲兵學校教育長、軍委會砲兵總指揮、吉林主席、國府參事
年齡	52	永久通訊處	

職別	委員	籍貫	遼寧
姓名	馮庸	學歷	北京陸軍第二講武學堂畢業
別號	獨慎	簡歷	曾任空軍司令、抗日軍團總指揮、馮庸大學校長、警備司令
年齡	46	永久通訊處	北平韶九胡同內北官場 12 號

職別	委員	籍貫	遼寧
姓名	張作相	學歷	東北講武堂畢業
別號	輔忱	簡歷	前吉林督辦兼主席、華北第二集團軍總司令
年齡	66	永久通訊處	北平東四七條 102 號

職別	委員	籍貫	遼寧
姓名	王樹翰	學歷	北平吏治館畢業
別號	王維宙	簡歷	曾任國府委員及文官長、中央黨部監察委員
年齡	65	永久通訊處	北平東四演樂胡同 4 號

職別	委員	籍貫	遼北
姓名	那木濟勒色愣	學歷	
別號	包樂康	簡歷	曾任哲理木盟盟長、北平行營顧問、行政院顧問
年齡	68	永久通訊處	北平東四馬大人胡同 9 號

職別	主任秘書	籍貫	江西
姓名	溫晉城	學歷	日本東京工業大學畢業
別號	以字行	簡歷	曾任江蘇行政督察專員、中央政治學校教授
年齡	54	永久通訊處	江西寧都老衙背 36 號

職別	副主任秘書	籍貫	遼寧
姓名	魏鑑	學歷	國立北京大學
別號	鏡如	簡歷	曾任河北及安徽省府委員兼民政廳長、行政院參議、監察院參事
年齡	53	永久通訊處	瀋陽太原街 14 號

（二）秘書辦公廳

職別	簡派秘書	籍貫	廣東
姓名	黃琴	學歷	北京大學畢業
別號	歸雲	簡歷	曾任中央黨部秘書處長、中央設計局秘書
年齡	48	永久通訊處	廣東瓊洲海口會文書局

職別	簡派秘書	籍貫	遼寧
姓名	廖寶賢	學歷	德國佛朗府大學政經系博士
別號	民公	簡歷	德國中國學院華籍院長、佛朗府大學教授、侍從室秘書
年齡	39	永久通訊處	遼寧遼陽海邊胡同

職別	簡派秘書	籍貫	江西
姓名	邱楠	學歷	日本大學畢業
別號	南生	簡歷	曾任中央設計局專員、駐蘇軍事代表團團員
年齡	33	永久通訊處	

職別	薦派秘書	籍貫	江西
姓名	涂聘侯	學歷	江西法政專門畢業
別號		簡歷	曾任行政督察專員公署秘書及縣長
年齡	49	永久通訊處	

職別	薦派秘書	籍貫	江西
姓名	周日輝	學歷	江西法政專門畢業、高考及格
別號	麗初	簡歷	曾任中校軍法官、地方法院推事檢察官、省府財廳督導員
年齡	33	永久通訊處	江西宜春靈泉巷 6 號

職別	薦派秘書	籍貫	江蘇
姓名	聞頌平	學歷	江蘇師範專科畢業、西北師範學院研究
別號		簡歷	曾任中學教員、教育局長、中央政治學校幹事
年齡	44	永久通訊處	

職別	薦派秘書	籍貫	江西
姓名	黃大受	學歷	四川大學畢業
別號		簡歷	曾任大學講師主任、東方文化總編輯、中央宣傳部代理科長
年齡	31	永久通訊處	南昌樟樹下 13 號

職別	專員	籍貫	黑龍江
姓名	潘景武	學歷	南開大學畢業
別號		簡歷	曾任軍團部秘書、黑龍江教育廳長、省黨部常委及參事
年齡	47	永久通訊處	

職別	專員	籍貫	江西
姓名	周希敦	學歷	美國密斯根大學碩士、巴黎大學研究員
別號		簡歷	曾任民政廳視察專員、中央設計專員
年齡	38	永久通訊處	江西金谿合市鄉關家橋

職別	專員	籍貫	江西
姓名	賈克勤	學歷	北京大學經濟系畢業
別號	以字行	簡歷	曾任南城縣縣長、江西參議會秘書、東北農委會科長
年齡	43	永久通訊處	

職別	專員	籍貫	江西
姓名	王士楷	學歷	上海法政大學畢業、高考及格
別號		簡歷	曾任中學訓導主任、省府法制編審、地方法院推事
年齡	38	永久通訊處	

職別	專員	籍貫	江西
姓名	廖江榮	學歷	東京日本大學政治科畢業
別號		簡歷	曾任工兵學校政治教官及軍委會政治部上校編審
年齡	33	永久通訊處	江西萍鄉南門外下巷子5號

職別	專員	籍貫	遼寧
姓名	王連仲	學歷	中央政治學校畢業
別號		簡歷	曾任西南經濟建設研究所研究員、財政部菸專局主任科員
年齡	29	永久通訊處	瀋陽小南街永德厚

職別	專員	籍貫	山東
姓名	管梅瑢	學歷	燕京大學畢業、美國歐柏林大學教育碩士
別號		簡歷	曾任基督教女青年會及新運婦女促進會幹事、農村婦女育誠所主任
年齡	44	永久通訊處	北平灯市口同福夾道3號

職別	視察	籍貫	安徽
姓名	吳紹曾	學歷	南開大學畢業
別號	繼魯	簡歷	曾任財政部花紗管制局科長、庫長及主任
年齡	47	永久通訊處	天津鍋店街胡開文筆墨莊

職別	視察	籍貫	河北
姓名	周國樑	學歷	華北大學經濟系畢業
別號		簡歷	曾任軍委會北平分會參謀組副組長
年齡	30	永久通訊處	北平鬧才胡同中半壁街5號

職別	視察	籍貫	湖南
姓名	王槐棟	學歷	莫斯科中山大學畢業
別號	逸群	簡歷	曾任重慶經濟檢察隊督察主任及四川省黨部視察
年齡	35	永久通訊處	

職別	視察	籍貫	江西
姓名	向國士	學歷	湖南大學畢業
別號		簡歷	曾任政治部秘書、江西崇仁田糧處副處長、青年軍夏令營教官
年齡	35	永久通訊處	江西萍鄉關東郵局轉

職別	視察	籍貫	浙江
姓名	陳鍾庸	學歷	浙江之江大學工商系畢業
別號		簡歷	曾任用康食糖專賣局組長所長、中央設計局科員、東北行轅北平辦事處科長
年齡	33	永久通訊處	

職別	視察	籍貫	遼寧
姓名	修廣翰	學歷	遼寧省立師範畢業
別號		簡歷	曾任縣長、省府接收專員
年齡	36	永久通訊處	

職別	視察	籍貫	湖南
姓名	何大明	學歷	湖南省立師範畢業
別號	朗球	簡歷	曾任分隊長、指導員、縣整理保甲主任
年齡	42	永久通訊處	湖南汝城土橋缶爐村

職別	科員	籍貫	湖南
姓名	唐承宗	學歷	中央政治學校畢業
別號		簡歷	中學教員、縣府科長
年齡	29	永久通訊處	湖南衡山新橋鄉唐福勝

職別	科員	籍貫	遼寧
姓名	劉廣文	學歷	農業大學畢業
別號	南屏	簡歷	小學教員、林業技士、報社編輯
年齡	33	永久通訊處	瀋陽市小南街一段 169 號

職別	科員	籍貫	河北
姓名	溫惠元	學歷	輔仁大學畢業
別號		簡歷	
年齡	26	永久通訊處	北平內四大帽胡同 24 號

職別	科員	籍貫	山東
姓名	丁少言	學歷	華北大學畢業
別號		簡歷	曾任縣政府科員、市政府秘書
年齡	36	永久通訊處	北平

職別	科員	籍貫	江西
姓名	陳松生	學歷	江西心遠中學及駐印中美幹訓團畢業
別號		簡歷	曾任第六軍政治部幹事、青年軍二〇七師排長及副連長
年齡	24	永久通訊處	江西寧都中山街 1 號

職別	科員	籍貫	遼寧
姓名	周起達	學歷	遼寧商業學校畢業
別號		簡歷	曾任銀行行員、鐵路局科員
年齡	36	永久通訊處	

職別	科員	籍貫	江西
姓名	金吟秋	學歷	三民計政學校畢業
別號		簡歷	曾任錄事、課員、幹事
年齡	31	永久通訊處	

職別	辦事員	籍貫	江西
姓名	歐陽德	學歷	陸軍軍士隊畢業
別號		簡歷	曾任排長、分所長
年齡	24	永久通訊處	

職別	辦事員	籍貫	遼寧
姓名	郭志春	學歷	東京明治大學政經部三年畢業
別號		簡歷	曾任科員、股長
年齡	33	永久通訊處	瀋陽市大北街二段 18 號

職別	辦事員	籍貫	河北
姓名	孫仲霖	學歷	河北欒縣師範畢業
別號		簡歷	曾任課員、股長、軍需
年齡	36	永久通訊處	

職別	辦事員	籍貫	遼寧
姓名	王連福	學歷	營口國民高等商科畢業
別號		簡歷	曾任中學及郵政保險局職員
年齡	26	永久通訊處	瀋陽市小南街三段 211 號

職別	辦事員	籍貫	黑龍江
姓名	郭鳳翮	學歷	哈爾濱農業大學畢業
別號		簡歷	曾任中學教員及農業指導員
年齡	30	永久通訊處	

職別	雇員	籍貫	北平
姓名	李文銓	學歷	北平文匯中學畢業
別號		簡歷	東北行營機要室譯電員
年齡	24	永久通訊處	

職別	雇員	籍貫	營口
姓名	張慶豐	學歷	奉天高級商科畢業
別號		簡歷	合作會計經理主任、事務主任
年齡	30	永久通訊處	瀋陽東關區鎮定街二段 2 號

職別	雇員	籍貫	遼寧
姓名	蔣素慧	學歷	奉天第一中學畢業
別號		簡歷	曾任綏遠省政府打字員
年齡	24	永久通訊處	瀋陽市山西關鄙代書事務所

職別	雇員	籍貫	河北
姓名	齊梅村	學歷	簡易師範畢業
別號		簡歷	曾任縣府書記及辦事員
年齡	24	永久通訊處	北平東田四條 15 號

職別	雇員	籍貫	遼寧
姓名	潘青	學歷	女子中學畢業
別號		簡歷	曾任省府打字員
年齡	21	永久通訊處	瀋陽小西關三清觀胡同 3 號

（三）民政處

職別	處長	籍貫	江西
姓名	王又庸	學歷	日本東京法政大學畢業
別號	平秋	簡歷	曾任江西省民政廳長，現任參政員
年齡	56	永久通訊處	

職別	副處長	籍貫	湖南
姓名	易希亮	學歷	日本慶應大學經濟學部畢業
別號	漢屏	簡歷	曾任江西行政督察專員兼保安司令、民政廳主任秘書
年齡	48	永久通訊處	湖南安化橋頭市易家里深園

職別	第一科科長	籍貫	江西
姓名	鄔克昌	學歷	私立江西法政專門畢業
別號	可疆	簡歷	曾任上海市及江西省黨部幹事、江西第六區行政專署祕書
年齡	41	永久通訊處	江西南城上唐畢雲鄉

職別	第二科科長	籍貫	遼寧
姓名	韓永彰	學歷	北京法政大學畢業
別號	晦叔	簡歷	曾任科長、大學教授、縣府秘書及縣長
年齡	40	永久通訊處	北平前公用庫 27 號

職別	第三科科長	籍貫	湖南
姓名	勞曄	學歷	廬山暑期訓練一期、陸軍速成步科畢業
別號	競九	簡歷	曾任師參謀長、旅長、縣長及軍事委員會少將法制專員
年齡	52	永久通訊處	湖南長沙西燕子山協和糧坊

職別	第四科科長	籍貫	廣西
姓名	梁應時	學歷	上海中國公學政經系畢業
別號		簡歷	曾任中學校長、大學秘書、省政府科長及縣長
年齡	39	永久通訊處	廣西貴縣沿江路三德行

職別	第五科科長	籍貫	江西
姓名	宋餘階	學歷	江西省立工業專門學校畢業
別號		簡歷	曾任民政廳及行政督察專員公署科長
年齡	34	永久通訊處	江西萬載西城

職別	科員	籍貫	河北
姓名	周負辰	學歷	前清生員
別號	襄臣	簡歷	曾任國務院主事、河北財政廳秘書
年齡	54	永久通訊處	河北饒陽縣北方杆村

職別	科員	籍貫	遼寧
姓名	甯鎔紀	學歷	奉天師範畢業
別號	拭塵	簡歷	曾任天津市府視察、甘肅五區專署科長
年齡	53	永久通訊處	北平西安門內天磨宮 14 號

職別	科員	籍貫	江蘇
姓名	盛永齡	學歷	中國公學大學部畢業
別號	子鶴	簡歷	曾任中學教員、教育局長及中學校長
年齡	39	永久通訊處	江蘇六合南門外下樓街 19 號

職別	科員	籍貫	江西
姓名	易芳霖	學歷	中央政治學校普通科畢業
別號		簡歷	曾任指導員、幹事、科員、股長
年齡	26	永久通訊處	江西萍鄉南坑市郵局

職別	科員	籍貫	河北
姓名	李德林	學歷	通州潞河中學畢業
別號	翰伯	簡歷	曾任察哈爾財政廳催徵委員及稅捐股主任
年齡	45	永久通訊處	北平和外四川營 12 號

職別	科員	籍貫	浙江
姓名	王代明	學歷	中國大學政經系畢業
別號		簡歷	曾任職中學教員及市府社會局文書主任
年齡	38	永久通訊處	北平宣內天仙庵甲 1 號

職別	科員	籍貫	遼寧
姓名	王鉅夫	學歷	早稻田大學畢業、東京帝大研究生
別號		簡歷	
年齡	25	永久通訊處	營口順利街 32 號

職別	科員	籍貫	山東
姓名	林樹明	學歷	內政部警官學校畢業
別號	文九	簡歷	曾任教練所長、公安分局長、中校參謀
年齡	38	永久通訊處	山東棲霞郵局

職別	科員	籍貫	湖南
姓名	黃騰達	學歷	國立中正大學畢業
別號		簡歷	曾任江西省政府科員
年齡	26	永久通訊處	湖南澧縣新街口

職別	科員	籍貫	湖南
姓名	羅同舟	學歷	湖南群治法政專門學校畢業
別號		簡歷	曾任縣府科長、糧食管理處秘書
年齡	35	永久通訊處	湖南邵縣東鄉靈官殿敘上大屋

職別	科員	籍貫	遼寧
姓名	尚久紀	學歷	遼寧省立第一高級中學畢業
別號		簡歷	曾任縣府科長、督學秘書
年齡	36	永久通訊處	瀋陽市一心街羊尾胡同 44 號

職別	科員	籍貫	河北
姓名	周樹聲	學歷	哈爾濱法政大學畢業
別號	松泉	簡歷	曾任東北航務局視察
年齡	40	永久通訊處	北平新街口大北街四條 10 號

職別	科員	籍貫	山東
姓名	鄭寶華	學歷	山東省立第十中學畢業及警訓班畢業
別號		簡歷	曾任警察局分局長及督察長
年齡	38	永久通訊處	北平前外琉璃廠輔華齊

職別	科員	籍貫	河北
姓名	楊玉林	學歷	北京第四中學畢業
別號		簡歷	曾任財廳科員、代理延慶稅捐局科長
年齡	45	永久通訊處	北平西宣宗帽理條9號

職別	科員	籍貫	北平
姓名	王承蔭	學歷	山東齊魯大學畢業
別號	瑞卿	簡歷	曾任財政廳公債處主任、京漢統捐局科長
年齡	42	永久通訊處	北平永定門外侯家莊

職別	科員	籍貫	遼北
姓名	王瑛	學歷	昌圖高級師範畢業
別號		簡歷	曾任遼寧省黨部幹事、東北房地產管理局專員
年齡	29	永久通訊處	昌圖覺鶩樹世一堂

職別	科員	籍貫	遼寧
姓名	李秀巖	學歷	北平法政學校畢業
別號	毓峰	簡歷	曾任奉天官地局科長、道尹、公署秘書
年齡	40	永久通訊處	長春北四馬路四道街38號

職別	辦事員	籍貫	江西
姓名	黎風	學歷	江西吉安高中畢業
別號		簡歷	曾任股長及科員
年齡	25	永久通訊處	江西吉水阜田市永順樓

職別	辦事員	籍貫	遼寧
姓名	烏介明	學歷	朝楊學校畢業
別號		簡歷	曾任電業局及稅捐局職員
年齡	38	永久通訊處	瀋陽市大南街三段18號

職別	辦事員	籍貫	四川
姓名	岳宗善	學歷	中央警校畢業
別號		簡歷	曾任巡官及督導員
年齡	28	永久通訊處	四川西充古樓鄉

職別	辦事員	籍貫	遼寧
姓名	侯永顯	學歷	瀋陽警官訓練班畢業
別號		簡歷	曾任督察股長
年齡	32	永久通訊處	瀋陽沙河站裕泰和藥局

職別	辦事員	籍貫	山東
姓名	宋文詩	學歷	萊陽中學畢業
別號	漢唐	簡歷	曾任事務員、會計員
年齡	27	永久通訊處	北平北他子騎河樓 7 號

職別	雇員	籍貫	河北
姓名	董廣文	學歷	通州第六女子師範畢業
別號		簡歷	曾任小學教員及收發員
年齡	29	永久通訊處	北平東四十條 53 號

職別	雇員	籍貫	遼寧
姓名	朱崢山	學歷	高中畢業
別號		簡歷	科員、小學校長
年齡	26	永久通訊處	瀋陽長安街一段 106 號

職別	雇員	籍貫	河北
姓名	趙鴻海	學歷	志中學畢業
別號		簡歷	曾任圖書館管理員
年齡	21	永久通訊處	北平內四丁章胡同 8 號

職別	雇員	籍貫	北平
姓名	賀學文	學歷	志成高中畢業
別號		簡歷	曾任科員、巡官、督察員
年齡	28	永久通訊處	河北宛平榆垈鎮 160 號

職別	雇員	籍貫	河北
姓名	韋寶樹	學歷	北平匯文中學畢業
別號	振華	簡歷	曾任中尉排長、縣黨部書記
年齡	27	永久通訊處	北平東華門外南河沿 19 號

職別	雇員	籍貫	河北
姓名	劉澤澄	學歷	扶輪學校畢業
別號		簡歷	曾任天津鐵路局辦事員
年齡	39	永久通訊處	天津河東新官汛天元里 7 號

（四）財政處

職別	處長	籍貫	江西
姓名	文羣	學歷	日本中央大學經濟學士
別號	詔雲	簡歷	曾任農商部次長、江西省委兼財政廳長
年齡	61	永久通訊處	

職別	副處長	籍貫	安徽
姓名	周文蔚	學歷	金陵大學畢業
別號		簡歷	曾任湖北公路局科長及江西財政廳科長秘書
年齡	40	永久通訊處	

職別	第一科科長	籍貫	湖北
姓名	施紹長	學歷	東京鐵道教習所畢業、東京帝大農經研究生
別號		簡歷	曾任中東鐵路辦公署秘書
年齡	39	永久通訊處	北平宣內南溝沿 4 號

職別	第二科科長	籍貫	江西
姓名	胡世叢	學歷	中央政治學校畢業
別號		簡歷	曾任軍官學校政治教官、貴州糧政處秘書
年齡	35	永久通訊處	江西萍鄉惠青祥

職別	第三科科長	籍貫	江西
姓名	歐陽鍾壎	學歷	軍需學校畢業、高考財政金融及格
別號	繩之	簡歷	曾任財政部吉安區銀行監理官辦公處稽核
年齡	32	永久通訊處	江西萍鄉北門外純青和號

職別	科員	籍貫	江西
姓名	李汝廣	學歷	中正大學畢業
別號		簡歷	曾任財政廳視察及專員
年齡	26	永久通訊處	江西萍鄉望甲坊

職別	科員	籍貫	浙江
姓名	錢毓東	學歷	新華大學畢業
別號		簡歷	曾任縣政府財政科長
年齡	42	永久通訊處	北平宣外儲庫營 1 號

職別	科員	籍貫	吉林
姓名	何貴德	學歷	長春大同學院畢業
別號	捷三	簡歷	曾任合作社主事、縣府科長、省財政廳股長
年齡	30	永久通訊處	吉林新地號 57 號

職別	科員	籍貫	遼寧
姓名	李賫彬	學歷	朝陽大學肄業
別號		簡歷	曾任縣府科長、中央組織部交通站幹事、興安省府主任科員
年齡	35	永久通訊處	遼寧黑山胡家窩堡魁元

職別	科員	籍貫	瀋陽
姓名	郭鑫	學歷	北平大同高中畢業
別號		簡歷	縣府科長及稅局會計股長
年齡	29	永久通訊處	瀋陽小東街三段 113 號

職別	科員	籍貫	遼寧
姓名	傅弼	學歷	北平平民大學畢業
別號		簡歷	曾任公司會計、電燈廠股長
年齡	41	永久通訊處	瀋陽至孝街六段 123 號

職別	科員	籍貫	遼寧
姓名	汪深	學歷	北平中國大學畢業
別號		簡歷	曾任市政府科員股長
年齡	31	永久通訊處	瀋陽小東門月窗胡同 15 號

職別	科員	籍貫	江西
姓名	劉樸莊	學歷	國立中正大學畢業
別號		簡歷	曾任江西省府科員、善救總署江西分署技士
年齡	29	永久通訊處	江西萍鄉上栗市

職別	科員	籍貫	遼寧
姓名	張仲儀	學歷	瀋陽高師畢業
別號		簡歷	中學教員、縣府科長
年齡	48	永久通訊處	瀋陽小西街五段 25 號

職別	科員	籍貫	遼寧
姓名	王述綱	學歷	遼寧高級中學畢業
別號		簡歷	曾任縣政府文書股長
年齡	34	永久通訊處	撫順北關鐵路北小胡同 144 號

職別	科員	籍貫	遼寧
姓名	蔣恩泉	學歷	奉天商科高級中學畢業
別號		簡歷	曾任中央銀行行員及海關稅務員
年齡	31	永久通訊處	遼寧北鎮城內早靈廟胡同 8 號

職別	科員	籍貫	遼寧
姓名	馮月菴	學歷	瀋陽師範學校畢業
別號		簡歷	曾任稅捐局科員、瀋陽東北日報社文書科長
年齡	32	永久通訊處	瀋陽鎮定街一段 48 號

職別	科員	籍貫	湖北
姓名	劉伯益	學歷	中學畢業
別號		簡歷	曾任縣府委員、吉林鐵路局辦事員
年齡	43	永久通訊處	北平鼓樓東寶鈔胡同內扁胡同 22 號

職別	科員	籍貫	遼寧
姓名	尹鴻海	學歷	南開大學肄業
別號		簡歷	曾任市府科員、徵收局課長及主任
年齡	36	永久通訊處	瀋陽小西門內石理市 1 號

職別	辦事員	籍貫	山東
姓名	陳建民	學歷	保安同仁中學畢業
別號		簡歷	曾任十二戰區司令部上尉副官
年齡	29	永久通訊處	北平朝外南營房四甲胡同 57 號

職別	辦事員	籍貫	北平
姓名	李志強	學歷	北平第二中學畢業
別號		簡歷	曾任公司會計員
年齡	25	永久通訊處	北平崇外下三條胡同 39 號

職別	辦事員	籍貫	河北
姓名	岳樸	學歷	國立西北大學畢業
別號		簡歷	曾任陝晉稅局調查員及股長
年齡	30	永久通訊處	河北潤城鎮萬盛昌

職別	雇員	籍貫	河北
姓名	潘德印	學歷	高級小學畢業
別號	印才	簡歷	曾任江西財政廳雇員
年齡	38	永久通訊處	

職別	雇員	籍貫	遼寧
姓名	洪毓瑛	學歷	瀋陽女子職業學校畢業
別號		簡歷	曾任識務廳打字員
年齡	25	永久通訊處	瀋陽大東區受安街一段106號

職別	雇員	籍貫	北平
姓名	楊鐸	學歷	北平志成中學畢業
別號		簡歷	
年齡	24	永久通訊處	

職別	雇員	籍貫	遼寧
姓名	胡春芝	學歷	遼寧第三高中畢業
別號		簡歷	曾任縣政府科員及合作社股長
年齡	36	永久通訊處	瀋陽同澤街66號

職別	雇員	籍貫	遼寧
姓名	李葆薰	學歷	遼寧工科學校畢業
別號		簡歷	曾任郵政局職員
年齡	27	永久通訊處	遼中縣北三台子村

職別	雇員	籍貫	遼寧
姓名	李靜	學歷	女子中學畢業
別號		簡歷	曾任遼寧省府打字員
年齡	18	永久通訊處	

（五）教育處

職別	兼處長	籍貫	遼寧
姓名	臧啟芳	學歷	美國康乃爾大學經濟碩士
別號	哲先	簡歷	曾任東北大學校長、天津代理市長、江蘇行政督察專員、教育部東北區特派員
年齡	53	永久通訊處	瀋陽清華街 7 號

職別	副處長	籍貫	遼寧
姓名	王華隆	學歷	北京師範大學畢業
別號		簡歷	曾任大學教授、軍校教官、冀察政委會顧問
年齡	48	永久通訊處	瀋陽台兒莊街

職別	第一科科長	籍貫	遼寧
姓名	邸麟春	學歷	北京師範大學畢業
別號		簡歷	曾任大學講師、省府科長、清鄉局專員、東北接收統一委員會秘書
年齡	45	永久通訊處	瀋陽和平區北二馬路 1 號

職別	第二科科長	籍貫	遼寧
姓名	劉俊翹	學歷	東北大學畢業
別號	佩傑	簡歷	曾任大學秘書及講師、教育部東北校院接收員
年齡	38	永久通訊處	瀋陽民權街忠勇路 42 號

職別	第三科科長	籍貫	遼寧
姓名	姜志超	學歷	東北大學畢業
別號		簡歷	曾任吉林省府秘書、安徽省府科長、第六三軍上校秘書主任
年齡	42	永久通訊處	瀋陽遼陽二道街 88 號

職別	科員	籍貫	遼寧
姓名	陶雲崑	學歷	北平大學畢業
別號		簡歷	曾任中學校長及縣府秘書及承審員
年齡	39	永久通訊處	瀋陽大東街一段 6 號

職別	科員	籍貫	遼寧
姓名	徐智三	學歷	日本東京高等師範研究生
別號		簡歷	曾任中學校長及師政部主任
年齡	39	永久通訊處	瀋陽漢口街 26 號

職別	科員	籍貫	遼寧
姓名	周立禮	學歷	日本東京帝大法學士
別號		簡歷	曾任中國文化社東北分社籌備委員
年齡	33	永久通訊處	瀋陽同澤街忠勇路 16 號

職別	科員	籍貫	安東
姓名	黃東明	學歷	北平中國大學畢業
別號		簡歷	曾任縣府股長及督學、中國文化服務社北平分社科員
年齡	25	永久通訊處	瀋陽開明街 33 號

職別	科員	籍貫	河北
姓名	常鐵耕	學歷	北平師範畢業
別號		簡歷	曾任河北教育廳科員
年齡	34	永久通訊處	瀋陽大西區隆昌街 67 號

職別	辦事員	籍貫	遼寧
姓名	湯茂林	學歷	中學畢業
別號		簡歷	
年齡	24	永久通訊處	瀋陽博愛街 236 號

職別	辦事員	籍貫	遼寧
姓名	陳修安	學歷	滿洲師道學校畢業
別號	仁普	簡歷	曾任縣府股長、副科長
年齡	35	永久通訊處	

職別	辦事員	籍貫	北平
姓名	姬安蓮	學歷	北京大學畢業
別號		簡歷	曾任中學教員及北平陸軍醫院上尉文書
年齡	24	永久通訊處	

職別	雇員	籍貫	營口
姓名	李秀芬	學歷	打字學校畢業
別號	煜光	簡歷	瀋陽同善會打字員
年齡	25	永久通訊處	瀋陽小西街三段 241 號

（六）土地處

職別	處長	籍貫	遼寧
姓名	馮小彭	學歷	中央政治學校地政學院一期畢業
別號		簡歷	曾任朝陽學院教授、四川省府地政局長、地政署簡任秘書及東北特派員
年齡	39	永久通訊處	遼寧鞍山西騰鰲堡河東郵局

職別	第一科科長	籍貫	湖南
姓名	高克謙	學歷	中央陸地測量學校畢業
別號	養生	簡歷	曾任軍令部測量總隊及中美合作航空測量隊組長
年齡	36	永久通訊處	湖南零陵蔡家甸小木口七房里

職別	第二科科長	籍貫	
姓名	孟光宇	學歷	
別號		簡歷	
年齡		永久通訊處	

職別	科員	籍貫	遼寧
姓名	張思謙	學歷	哈爾濱工業大學肄業
別號		簡歷	曾任科員、處員、股長
年齡	33	永久通訊處	遼寧鐵嶺農會西鄰

職別	科員	籍貫	瀋陽
姓名	王崇樸	學歷	東北交通大學肄業
別號	素明	簡歷	曾任縣府科長、電信局股長
年齡	37	永久通訊處	瀋陽金銀街二段 6 號

職別	科員	籍貫	遼寧
姓名	林汝徵	學歷	新制師範畢業
別號		簡歷	曾任科員、股長、見習科長
年齡	28	永久通訊處	鐵嶺龍山區小橋大街 51 號

職別	辦事員	籍貫	湖北
姓名	李秋萍	學歷	綏中中學畢業
別號		簡歷	曾任省府雇員、產業公司職員
年齡	25	永久通訊處	瀋陽大西街二段 112 號

職別	雇員	籍貫	遼寧
姓名	金靜宇	學歷	女子國民高等畢業
別號		簡歷	曾任打字員
年齡	22	永久通訊處	瀋陽小南街四段 7 號

（七）社會處（衛生處）

職別	處長	籍貫	山東
姓名	尹樹生	學歷	日本帝國大學畢業
別號		簡歷	曾任青島市黨部委員、軍委會政治部委員、社會部計劃委員及東北特派員
年齡	40	永久通訊處	山東日照夾倉鎮

職別	第一科科長	籍貫	河北
姓名	司培初	學歷	北京大學肄業
別號		簡歷	曾任一八一師指導員及政治部科長、新四旅政治部主任、北平市黨部科長
年齡	33	永久通訊處	北平西安大街土地廟門 2 號

職別	第二科科長	籍貫	吉林
姓名	曹延亭	學歷	北京大學畢業
別號		簡歷	曾任中學教員、大學訓導及事務主任、社會部專員、東北統一接收委員會組長
年齡	37	永久通訊處	吉林懷法里林鎮郵局

職別	科員	籍貫	安徽
姓名	吳子清	學歷	北平國民大學畢業
別號		簡歷	曾任中學教員、縣府秘書及科長、社會部東北特派員辦公處科員
年齡	52	永久通訊處	安徽鳳台縣城內北街

職別	科員	籍貫	河北
姓名	尹翼桐	學歷	日本明治大學畢業
別號		簡歷	曾任省府視察、縣府科長、商學院講師
年齡	38	永久通訊處	北平西城學院胡同 32 號

職別	科員	籍貫	江西
姓名	陳安美	學歷	社會教育學院畢業
別號		簡歷	曾任社會學院教員
年齡	27	永久通訊處	瀋陽裕民街 31 號之 2

職別	科員	籍貫	遼寧
姓名	楊世瑞	學歷	北平中國大學畢業
別號		簡歷	曾任大學講師、熱河邊區司令部參議、報社社論委員、瀋陽縣黨部執行委員
年齡	36	永久通訊處	

職別	辦事員	籍貫	遼寧
姓名	韓誠	學歷	農業學校畢業、日本農業技術訓練
別號		簡歷	曾任農業技術員及合作社事務員
年齡	33	永久通訊處	瀋陽裕民街 58 號

職別	辦事員	籍貫	浙江
姓名	陳崇琳	學歷	浙江省立臨中畢業
別號		簡歷	曾任稅局稽核員及稅務員
年齡	25	永久通訊處	浙江諸暨外陳鎮

職別	雇員	籍貫	山東
姓名	楊大文	學歷	煙台高中畢業
別號		簡歷	曾任警察局巡官及游擊隊副
年齡	30	永久通訊處	山東日照夾倉鎮同生號

職別	雇員	籍貫	遼北
姓名	王叔雲	學歷	遼寧漢英打字學校畢業
別號		簡歷	曾充市府及警局打字員
年齡	22	永久通訊處	瀋陽民族街 70 號

（八）司法行政處

職別	兼處長	籍貫	北平
姓名	李祖慶	學歷	河南官立法政學堂畢業
別號	善庭	簡歷	曾任教授、高等法院及地方法院最高法院檢察官、司法行政部東北特派員
年齡	54	永久通訊處	

職別	副處長	籍貫	山東
姓名	李光夏	學歷	早稻田大學研究生、明治大學法學士
別號		簡歷	曾任福建學院及中央政治學校教授兼教務主任
年齡	43	永久通訊處	

職別	科長	籍貫	遼寧
姓名	吳文德	學歷	河北法政專門畢業
別號	博泉	簡歷	曾任河北省府科長、安徽省府秘書及視察
年齡	38	永久通訊處	遼寧鐵嶺東關富貴街 80 號

職別	科員	籍貫	遼寧
姓名	何世昌	學歷	北京大學法學院畢業
別號		簡歷	曾代理瀋陽地方法院推事
年齡	27	永久通訊處	瀋陽小西惠工街一段 6 號

職別	科員	籍貫	遼寧
姓名	劉毓秀	學歷	朝陽大學法科畢業
別號	伯英	簡歷	曾任地方法院推事、檢察官、刑事庭長
年齡	43	永久通訊處	瀋陽小北街一段 102 號

職別	辦事員	籍貫	河北
姓名	程連員	學歷	北平中國大學畢業
別號		簡歷	曾任縣府秘書、鐵路局課員
年齡	29	永久通訊處	北平西便門外馬廠 173 號

職別	雇員	籍貫	遼寧
姓名	金煥民	學歷	遼寧國民高等畢業
別號		簡歷	曾任市政府辦事員
年齡	22	永久通訊處	瀋陽小南街四段 7 號

（九）宣傳處

職別	兼處長	籍貫	江蘇
姓名	余紀忠	學歷	英國倫敦大學畢業
別號	思武	簡歷	曾任軍校教官、教育處長、政治部主任
年齡	38	永久通訊處	

職別	兼副處長	籍貫	遼寧
姓名	王洽民	學歷	美國瑞德大學研究生
別號		簡歷	曾任大學教授、軍委會設計委員、三青團社會處副處長
年齡	42	永久通訊處	旅順方家屯會

職別	第一科科長	籍貫	湖北
姓名	林遷	學歷	北平中法大學畢業
別號	楚男	簡歷	報館編輯、中學校長
年齡	35	永久通訊處	湖北稀水下巴河巴水驛

職別	第二科科長	籍貫	遼寧
姓名	林霽融	學歷	東北大學文學院畢業
別號		簡歷	曾任科長、秘書、編輯、專員、法院書記官
年齡	35	永久通訊處	瀋陽大北街石橋胡同 2 號

職別	科員	籍貫	湖北
姓名	梅益謙	學歷	西安力行中學高中畢業
別號		簡歷	曾任公司辦事員課員、東北教育輔委會幹事
年齡	22	永久通訊處	湖北黃陵長嶺崗抱琴軒藥局

職別	科員	籍貫	遼寧
姓名	邸鉅	學歷	中國大學畢業
別號		簡歷	報館記者及分社長
年齡	29	永久通訊處	北平西四北溝沿大後倉 2 號

職別	科員	籍貫	遼寧
姓名	韓葟洲	學歷	旅順高等學校畢業
別號		簡歷	曾任中學校教員、報館編輯
年齡	24	永久通訊處	大連市蔗農醫院

職別	科員	籍貫	遼寧
姓名	佟式遜	學歷	遼寧商科高中畢業
別號		簡歷	曾任合作社及銀行職員、黨部宣傳員
年齡	30	永久通訊處	瀋陽沙河站裕泰和

職別	科員	籍貫	遼寧
姓名	陳效燕	學歷	日本內務省警校畢業
別號		簡歷	警校教官、民政廳股長
年齡	31	永久通訊處	遼寧遼中廣興茂

職別	科員	籍貫	北平
姓名	白永信	學歷	北華美術專門畢業
別號		簡歷	曾任編輯及記者
年齡	35	永久通訊處	瀋陽衡陽街 39 號

職別	辦事員	籍貫	安徽
姓名	吳宗孚	學歷	上海震旦大學畢業
別號	君尹	簡歷	曾任鐵路運輸司令部秘、報社編輯主筆特派員
年齡	26	永久通訊處	江蘇吳林木〇東街 84 號

職別	辦事員	籍貫	瀋陽
姓名	商文博	學歷	中學畢業
別號		簡歷	曾任縣府科員、警局局員
年齡	33	永久通訊處	瀋陽大北街華爐胡同 1 號

職別	雇員	籍貫	安東
姓名	蘇敏婕	學歷	女子中學畢業
別號		簡歷	曾任省府打字員、合作社事務員
年齡	23	永久通訊處	安東寬甸城南大街 56 號

職別	雇員	籍貫	遼寧
姓名	魏世鐸	學歷	北平民國大學畢業
別號		簡歷	曾任華北交通公司科員
年齡	29	永久通訊處	大連富久町 41 號

職別	宣傳工作委員會委員					
姓名	洪 鈁	趙漠野	趙雨時	趙惜夢	王孝魚	陳彥之
	周步光	李紹唐	張大緯	甘雨霈	玉鐘羽	張松筠

（十）會計處

職別	科長	籍貫	江蘇
姓名	于連和	學歷	中央政治學校畢業、高考及格
別號		簡歷	曾任交通部科員、交通銀行行員
年齡	30	永久通訊處	江蘇泰興北門五萬隆號

職別	科員	籍貫	遼寧
姓名	郭肇奎	學歷	復縣兩級中學畢業
別號		簡歷	曾任奉天省公署專員
年齡	33	永久通訊處	瀋陽大南關華岩寺胡同 86 號

職別	科員	籍貫	遼寧
姓名	鄒文勝	學歷	商業學校畢業
別號		簡歷	曾任鹽務局、中學校會計及會計主任
年齡	38	永久通訊處	瀋陽大北街四段 96 號

職別	科員	籍貫	河北
姓名	張存之	學歷	北平匯文中學高級科畢業
別號		簡歷	曾任河北銀行行員
年齡	31	永久通訊處	瀋陽大南關高等學堂胡同 6 號

職別	辦事員	籍貫	河北
姓名	王貽璐	學歷	天津新學中學畢業
別號		簡歷	曾任財政部花紗管理局科員及縣府科員
年齡	28	永久通訊處	天津北門內府署大街 6 號

職別	辦事員	籍貫	遼寧
姓名	程自靖	學歷	奉天同文商業學校畢業
別號		簡歷	曾任奉天省公署警務廳會計員
年齡	35	永久通訊處	瀋陽大南街三段 6 號

職別	辦事員	籍貫	遼寧
姓名	周鼎昌	學歷	遼寧第一師範畢業
別號		簡歷	曾任中學教員、縣府科長、省黨部幹事、縣黨部書記長
年齡	33	永久通訊處	瀋陽小南街三段94號

（十一）總務處

職別	處長	籍貫	湖南
姓名	鄧伯粹	學歷	日本帝國大學經濟學士
別號		簡歷	曾任大學教授秘書系主任、國民黨駐日支部執委會常委、省府參事
年齡	45	永久通訊處	湖南臨豐縣合口鎮

職別	第一科科長	籍貫	湖南
姓名	王澤湘	學歷	明德大學畢業
別號	瑾瑜	簡歷	曾任軍委會秘書、武昌重慶廣州行營科股長、兵役署上校科長、邊防督署軍簡三階秘書
年齡	51	永久通訊處	湖南長沙瀏城外識字里二號

職別	第二科科長	籍貫	浙江
姓名	陳光典	學歷	浙江法政專門畢業
別號		簡歷	曾任驛運處專員、中央設計局科長專員
年齡	39	永久通訊處	浙江義烏西鄉黃山

職別	第三科科長	籍貫	湖北
姓名	李慕韓	學歷	北平大學政經系畢業
別號		簡歷	曾任第十六軍政治部及財政部稅務署科長
年齡	45	永久通訊處	湖北漢川張池口郵局

職別	科員	籍貫	河南
姓名	班書閣	學歷	哈佛燕京國學院研究所畢業
別號		簡歷	曾任河北省師範教授
年齡	46	永久通訊處	河南杞縣書書對過

職別	科員	籍貫	廣東
姓名	張義信	學歷	東京大學及東京第一高等學校畢業
別號		簡歷	外交部科員、駐朝鮮隨習領事
年齡	47	永久通訊處	北平崇內五考胡同 1 號

職別	科員	籍貫	浙江
姓名	鄔禹謨	學歷	商業職業學校畢業、教育部會計學校畢業
別號		簡歷	曾任東北行營少校科員
年齡	28	永久通訊處	浙江省奉化西塢老祠壹寺 18 號

職別	科員	籍貫	河北
姓名	郎東嵐	學歷	吉林高等師範畢業
別號		簡歷	曾任中學教員、銀行行員
年齡	32	永久通訊處	瀋陽

職別	科員	籍貫	廣東
姓名	馮健錚	學歷	北平中國大學畢業
別號		簡歷	曾任石家莊蔚豐銀行出納員
年齡	30	永久通訊處	北平西四北前車胡同 48 號

職別	科員	籍貫	湖北
姓名	王家齊	學歷	北平平民大學畢業
別號		簡歷	曾任孔德中學教員兼事務主任
年齡	34	永久通訊處	北平德內花枝胡同 2 號

職別	科員	籍貫	浙江
姓名	陳介蓀	學歷	外交部立法政專門學校畢業
別號		簡歷	曾任外交部辦事員、北平大學書記
年齡	42	永久通訊處	北平內三北行橋五顯廟 11 號

職別	科員	籍貫	河北
姓名	張國田	學歷	山西農業專門畢業
別號		簡歷	曾任上尉軍需、大學助教、經濟研究員
年齡	39	永久通訊處	河北冀縣北漳淮鎮轉孔村

職別	科員	籍貫	河北
姓名	刑紋倫	學歷	京兆中學畢業
別號		簡歷	曾任省府科員、銀行文書
年齡	43	永久通訊處	北平和內四舊簾子胡同乙 11 號

職別	辦事員	籍貫	北平
姓名	趙秉義	學歷	北平師資講肄館畢業
別號		簡歷	曾任中學教員
年齡	27	永久通訊處	北平宣內大街 242 號

職別	辦事員	籍貫	北平
姓名	徐龍友	學歷	北平郁文大學修業
別號		簡歷	曾任縣政府庶務長
年齡	35	永久通訊處	嫩江開通縣西街路南

職別	辦事員	籍貫	北平
姓名	增蔭軒	學歷	求實中學畢業
別號		簡歷	曾任江蘇紙泊稅局稽查
年齡	39	永久通訊處	北平內三羊館胡同 4 號

職別	辦事員	籍貫	北平
姓名	李家琳	學歷	市立高級中學畢業
別號		簡歷	曾任食糧管理局課員
年齡	39	永久通訊處	北平崇外下三條胡同甲 39 號

職別	辦事員	籍貫	浙江
姓名	周孝偉	學歷	大學預科畢業
別號		簡歷	曾任新聞記者、少尉副官
年齡	35	永久通訊處	北平西車北開市口 64 號

職別	辦事員	籍貫	河北
姓名	趙貽農	學歷	河北省立第十四中學畢業
別號		簡歷	曾任察哈爾地方稅局文書主任
年齡	37	永久通訊處	張家口北關街 12 號

職別	辦事員	籍貫	瀋陽
姓名	呂永豐	學歷	東北體專畢業
別號		簡歷	小學教員、黨部秘書
年齡	38	永久通訊處	瀋陽大北街四段 47 號

職別	辦事員	籍貫	浙江
姓名	楊文學	學歷	浙江諸暨中學畢業
別號		簡歷	曾任江西省府秘書處辦事員
年齡	30	永久通訊處	浙江諸暨西鄉草塔號

職別	辦事員	籍貫	河北
姓名	趙子亨	學歷	天津市師範學校畢業
別號		簡歷	曾任天津市財政局科員
年齡	30	永久通訊處	瀋陽和平區潼關街 94 號

職別	辦事員	籍貫	湖南
姓名	李之蕃	學歷	北平民國學院畢業
別號		簡歷	曾任報社總務主任、公司事務主任
年齡	31	永久通訊處	湖南寧遠札士灣

職別	辦事員	籍貫	吉林
姓名	崔伯勛	學歷	吉林第一中學畢業
別號		簡歷	曾任科員、辦事員
年齡	28	永久通訊處	長春東三道街 30 號

職別	辦事員	籍貫	北平
姓名	趙毓琪	學歷	北平民國大學畢業
別號		簡歷	曾任科員、專賣局長
年齡	34	永久通訊處	遼北開原福昌街 30 號

職別	辦事員	籍貫	
姓名	江學瀛	學歷	高中畢業
別號		簡歷	曾任小學教員、縣府科員
年齡	30	永久通訊處	瀋陽東亞街三段 28 號

職別	辦事員	籍貫	遼寧
姓名	楊質玉	學歷	南開大學肄業
別號		簡歷	曾任洋行及儲蓄會主任、鐵工廠副經理
年齡	34	永久通訊處	

職別	辦事員	籍貫	河北
姓名	侯德昌	學歷	北平中國大學畢業
別號		簡歷	曾任企業公司職員
年齡	25	永久通訊處	

職別	雇員	籍貫	遼寧
姓名	屈申	學歷	奉天省立第三中學畢業
別號		簡歷	曾任小學教員、奉天省府職員
年齡	23	永久通訊處	瀋陽大南街三段94號

職別	雇員	籍貫	遼北
姓名	郭素勛	學歷	女子中學畢業
別號		簡歷	縣府及鐵路局打字員
年齡	23	永久通訊處	錦州康泰街二〇段3之3號

職別	雇員	籍貫	遼寧
姓名	范濱如	學歷	北平育華高中畢業
別號		簡歷	曾任小學教員、工廠打字員
年齡	20	永久通訊處	瀋陽小西關茂林賓館

職別	雇員	籍貫	遼寧
姓名	薛景雲	學歷	中學畢業
別號		簡歷	曾任郵政局辦事員
年齡	26	永久通訊處	錦州小陵街10號

職別	雇員	籍貫	遼寧
姓名	李業魁	學歷	農業學校畢業
別號		簡歷	曾任縣府科員
年齡	25	永久通訊處	

職別	雇員	籍貫	遼寧
姓名	卜一塵	學歷	女子中學畢業
別號		簡歷	曾任打字員
年齡	20	永久通訊處	

職別	雇員	籍貫	北平
姓名	孫寄平	學歷	北平大中學高級部畢業
別號		簡歷	曾任書記
年齡	33	永久通訊處	

職別	雇員	籍貫	湖北
姓名	鄧明一	學歷	湖北省立中學畢業、憲兵學校第七期畢業
別號		簡歷	曾任軍令部上尉副官、駐印第五十師學生汽車隊助教
年齡	26	永久通訊處	瀋陽第六區轉灣橋村

職別	雇員	籍貫	遼寧
姓名	那文孝	學歷	中學畢業
別號		簡歷	曾任合作社司機
年齡	32	永久通訊處	瀋陽縣第六區轉灣橋村

職別	雇員	籍貫	山東
姓名	蕭世麟	學歷	中美機械化列多分校畢業
別號		簡歷	新一軍駐印駕駛排班長
年齡	26	永久通訊處	

職別	雇員	籍貫	北平
姓名	孫寶信	學歷	北平戲劇學校畢業
別號		簡歷	曾任劇社教官及劇團組長
年齡	24	永久通訊處	北平宣外校場三條 46 號

職別	雇員	籍貫	遼寧
姓名	陳秀	學歷	中學畢業
別號		簡歷	曾任警察局及交通會社駕駛員
年齡	30	永久通訊處	瀋陽漢口街 8 號

職別	雇員	籍貫	山東
姓名	于博淵	學歷	大連工商學校畢業
別號		簡歷	曾任汽車公司駕駛員及監督
年齡	34	永久通訊處	

（十二）人事室

職別	主任	籍貫	江西
姓名	童楊川	學歷	國立北京大學畢業
別號		簡歷	曾任物資局專員、中央設計局秘書
年齡	39	永久通訊處	

職別	第一組組長	籍貫	湖南
姓名	明方炎	學歷	北平國立藝術專門學校畢業
別號	逸農	簡歷	曾任藝專助教及北平美術學院教務主任、師部秘書
年齡	45	永久通訊處	湖南永綏吉崗墟

職別	第二組組長	籍貫	河南
姓名	曾述魯	學歷	湖北法政專門畢業
別號	夢愚	簡歷	曾任中央設計局科員
年齡	43	永久通訊處	河南信陽雞公山車站

職別	組員	籍貫	江西
姓名	吳泉	學歷	北平第四中學畢業及財商專校肄業
別號	百宜	簡歷	曾任通訊員、科員、消費合作社主任
年齡	27	永久通訊處	北平東城大雅寶胡同寬街七號

職別	組員	籍貫	遼寧
姓名	李延庚	學歷	日本慶應大學畢業
別號	松伍	簡歷	曾任稅捐局長、縣府經徵處主任
年齡	43	永久通訊處	海城大石橋南街長生堂

職別	科員	籍貫	遼寧
姓名	白雲浦	學歷	東北大學法學院畢業
別號	子貞	簡歷	曾任鹽務稽核所科員科長、專賣局長
年齡	43	永久通訊處	梅河口車站豐樂段88號

職別	科員	籍貫	山西
姓名	蘇玉溫	學歷	太原師範畢業
別號		簡歷	曾任教員及縣府科員督學
年齡	33	永久通訊處	山西汾陽三泉鎮生元生

職別	辦事員	籍貫	熱河
姓名	張廷選	學歷	承德師範畢業
別號		簡歷	曾任小學教員、縣府科長
年齡	29	永久通訊處	熱河建平硃碌科郵局

職別	辦事員	籍貫	河北
姓名	高履謙	學歷	北平第一中學畢業
別號	益如	簡歷	曾任故宮博物院書記
年齡	38	永久通訊處	北平地安門內東板橋胡同火神廟 14 號

職別	雇員	籍貫	河北
姓名	王更生	學歷	北平市弘達中學肄業
別號		簡歷	曾任北平市電車公司稽查員
年齡	37	永久通訊處	北平地安門內鼓樓西大街香廠胡同 2 號

職別	雇員	籍貫	瀋陽
姓名	王志馨	學歷	省立第一女子中學畢業
別號		簡歷	奉天高等法院打字員
年齡	25	永久通訊處	瀋陽小東街二段 7 號

（十三）調查研究委員會

職別	主任委員	籍貫	江蘇
姓名	馬博菴	學歷	美國芝加哥大學研究院肄業、哥倫比亞大學博士
別號	以字行	簡歷	曾任大學主任教授、中大文法學院院長、內政部參事及特派員
年齡	48	永久通訊處	已離瀋

職別	委員 參諮室主任	籍貫	湖南
姓名	鄒靜陶	學歷	北京大學畢業
別號		簡歷	曾任中央設計局設計委員
年齡	38	永久通訊處	湖南永綏小北門內

職別	諮議	籍貫	江西
姓名	周步光	學歷	北京師範大學畢業
別號		簡歷	曾任黨部執委、行總江西分署顧問、教育督導專員
年齡	43	永久通訊處	

職別	諮議	籍貫	北平
姓名	孟十還	學歷	莫斯科孫逸仙大學畢業
別號		簡歷	曾任編輯幹事秘書、海拉爾市長、東北保安司令、長官部少將諮議
年齡	39	永久通訊處	上海康宜路 831 號

職別	資料室主任	籍貫	四川
姓名	余先亮	學歷	日本東京帝大農業經濟系畢業
別號		簡歷	曾任中央設計局專員
年齡	43	永久通訊處	

職別	調查研究員	籍貫	湖南
姓名	龔澤銑	學歷	北京大學畢業
別號	梅僧	簡歷	曾任大學助教、中國文化基金薈委會全編、北平製藥廠股長
年齡	40	永久通訊處	湖南保靖城內正街 2 號

職別	調查研究員	籍貫	廣東
姓名	劉俊生	學歷	國立中正大學畢業
別號		簡歷	曾任縣府科長、中學教導主任、省府人事股長、公路處督察
年齡	31	永久通訊處	廣東連平忠信萬春堂

職別	調查研究員	籍貫	福建
姓名	郭秉衡	學歷	國立中正大學畢業
別號	公權	簡歷	曾任浮梁縣政府秘書、哈爾濱市政府專員
年齡	28	永久通訊處	福州省府縣路雅亮里 2 號

職別	調查研究員	籍貫	吉林
姓名	孔昭新	學歷	上海大夏大學肄業
別號		簡歷	曾任中學教員、報社社長、黨部宣傳科長
年齡	38	永久通訊處	瀋陽南寧街

職別	調查研究員	籍貫	江西
姓名	龔飛鵬	學歷	國立中山大學畢業
別號	瓊鳳	簡歷	曾任報社編輯、第一集團軍司令部秘書
年齡	24	永久通訊處	江西宜豐常浦

職別	科員	籍貫	遼寧
姓名	史寶田	學歷	大同學院畢業
別號		簡歷	曾任錦縣府民政及地政科長
年齡	31	永久通訊處	

職別	科員	籍貫	營口
姓名	張玉麟	學歷	建國大學畢業
別號		簡歷	曾任縣府企劃室主任、省府科長
年齡	30	永久通訊處	

職別	辦事員	籍貫	浙江
姓名	俞汝翼	學歷	民國大學畢業
別號		簡歷	曾任縣政府科長
年齡	39	永久通訊處	北平宣內潘家河沿 55 號

職別	辦事員	籍貫	遼寧
姓名	郭韻琴	學歷	奉天女子師範畢業
別號		簡歷	曾任小學校長、省府科員
年齡	25	永久通訊處	瀋陽一心街一段 113 號

職別	雇員	籍貫	河北
姓名	高尚文	學歷	汽車職業學校畢業
別號		簡歷	曾任公司職員、汽車修理廠技佐
年齡	22	永久通訊處	北平地安門內東板橋火神廟 14 號

職別	雇員	籍貫	遼寧
姓名	趙文光	學歷	中學畢業
別號		簡歷	曾任縣市政府雇員
年齡	28	永久通訊處	瀋陽大西街二段 187 號

職別	雇員	籍貫	遼寧
姓名	王玉蘭	學歷	女子中學畢業
別號		簡歷	曾任打字員
年齡	23	永久通訊處	瀋陽小西街三段 241 號

（十四）蒙旗復員委員會

職別	主任	籍貫	山東
姓名	楚明善	學歷	國立北京師範大學畢業
別號	寶青	簡歷	曾任少將參議、秘書長、蒙古宣慰使
年齡	52	永久通訊處	山東荷澤西北李家莊

職別	委員	籍貫	科左中旗
姓名	賀喜業勒圖墨爾根	學歷	北京郁文大學畢業
別號		簡歷	曾任軍委會北平分會少將顧問
年齡	39	永久通訊處	北平地外福祥寺 5 號

職別	委員	籍貫	
姓名	篤多博	學歷	
別號		簡歷	
年齡		永久通訊處	北平景山後太平街 13 號

職別	委員	籍貫	科左前旗
姓名	烏寶	學歷	北京蒙藏學校畢業
別號		簡歷	曾任行政院參議及駐平政委員會顧問
年齡	52	永久通訊處	科爾沁左旗前族沙爾他拉

職別	委員	籍貫	
姓名	曹劍潭	學歷	北平朝陽大學畢業
別號		簡歷	曾任推事、科長、處長、蒙教委員會委員長
年齡	49	永久通訊處	

職別	委員	籍貫	喀喇沁右旗
姓名	烏古廷	學歷	東北講武學堂畢業
別號		簡歷	曾任東北行轅少將參議
年齡	41	永久通訊處	

職別	委員	籍貫	
姓名	金崇偉	學歷	
別號		簡歷	
年齡		永久通訊處	

職別	參議	籍貫	科左後旗
姓名	賀喜格	學歷	北京民國大學政經系畢業
別號		簡歷	曾任黑龍江省府參議、蒙旗騎兵司令
年齡	41	永久通訊處	

職別	參議	籍貫	
姓名	多爾吉	學歷	
別號		簡歷	
年齡		永久通訊處	北平地安門外福祥寺 5 號

職別	參議	籍貫	
姓名	許卓聲	學歷	
別號		簡歷	
年齡		永久通訊處	北平西單太平街 19 號

職別	參議	籍貫	
姓名	卓仁托布	學歷	
別號		簡歷	
年齡		永久通訊處	

職別	參議	籍貫	遼北
姓名	王華興	學歷	日本陸軍士官學校畢業
別號		簡歷	曾任教官、隊長、副司令、蒙旗宣撫特派員
年齡	37	永久通訊處	

職別	參議	籍貫	江蘇
姓名	孫祝耆	學歷	前清稟生、江蘇南菁書院研究
別號	叔久	簡歷	曾任中學教員、民政廳科長
年齡	68	永久通訊處	

職別	第一組組長	籍貫	卓盟喀左旗
姓名	張錦堂	學歷	國立北平大學法學院畢業
別號	景韞	簡歷	曾任政委會蒙旗處處長、行政院駐平政整會秘書參議
年齡	37	永久通訊處	北平西宮門口中廊下 16 號

職別	第二組組長	籍貫	廣東
姓名	鍾呂恩	學歷	蒙藏政治訓練班畢業
別號	天山	簡歷	曾任蒙旗總指揮部水委會、興安省府秘書、中央信託局稽查
年齡	33	永久通訊處	廣東梅縣嵩下村鍾慶成樓

職別	組員	籍貫	
姓名	仲旭	學歷	
別號		簡歷	
年齡		永久通訊處	江蘇寧淮城內

職別	組員	籍貫	湖北
姓名	黃寶烈	學歷	復旦大學畢業
別號		簡歷	曾任薦派科員、會計主任
年齡	29	永久通訊處	重慶上清寺美長街18號

職別	組員	籍貫	遼寧
姓名	白秀堂	學歷	東北大學畢業
別號		簡歷	曾任縣府科長事務官、省府參事官
年齡	40	永久通訊處	遼寧彰武廣順長

職別	組員	籍貫	卓盟喀左旗
姓名	阿穆恩和	學歷	喀喇沁右旗崇正師範畢業
別號		簡歷	曾任教員、屬官、參事等職
年齡	28	永久通訊處	卓索圖盟右旗興民村

職別	組員	籍貫	綏遠
姓名	章培良	學歷	中央政治學校畢業
別號		簡歷	曾任教育部幹事、興安省府招收員
年齡	32	永久通訊處	重慶南坪黃桷垣復興村39號

職別	組員	籍貫	熱河
姓名	烏國元	學歷	長春法政大學畢業
別號		簡歷	曾任錦縣及黑山檢查廳檢查官
年齡	30	永久通訊處	熱河乃林村■卜囊營子

職別	組員	籍貫	江蘇
姓名	李人萃	學歷	中國大學畢業
別號	冕群	簡歷	曾任平綏鐵路科員及駐津事務所所長
年齡	40	永久通訊處	北平西四豐盛胡同 16 號

職別	辦事員	籍貫	哲蒙賓旗
姓名	包福	學歷	南京中央大學畢業
別號		簡歷	曾任北平第四中學教員
年齡	35	永久通訊處	科爾左旗前斯沙爾地拉

職別	辦事員	籍貫	山東
姓名	吳玉福	學歷	南華中學畢業
別號		簡歷	曾任警察局組長、科員
年齡	39	永久通訊處	山東荷澤中正街 18 號

職別	辦事員	籍貫	熱河
姓名	王振普	學歷	師範畢業
別號		簡歷	曾任縣府科員、股長
年齡	36	永久通訊處	熱河豐寧大關鎮

職別	辦事員	籍貫	遼寧
姓名	王啟賢	學歷	建國大學畢業
別號		簡歷	曾任銀行行員、縣府科長
年齡	28	永久通訊處	遼寧彰武城內章記

職別	辦事員	籍貫	熱河
姓名	鮑雨濤	學歷	師範畢業
別號		簡歷	曾任書記、主事、副參事
年齡	32	永久通訊處	卓索圖盟右旗乃林福德藍

職別	雇員	籍貫	熱河
姓名	包清雲	學歷	日本山梨縣身延專門畢業
別號		簡歷	
年齡	24	永久通訊處	吐默中旗下府村

職別	雇員	籍貫	遼寧
姓名	張育發	學歷	吉林師範大學畢業
別號		簡歷	曾任縣府屬官及文書股長
年齡	25	永久通訊處	遼寧法庫城內文化樓

職別	雇員	籍貫	遼寧
姓名	賈紹珍	學歷	奉天省立第三高中畢業
別號	漢儒	簡歷	曾任縣府科員、實業工廠會計主任
年齡	35	永久通訊處	遼寧遼中城內南深塘 184 號

職別	雇員	籍貫	山東
姓名	趙重華	學歷	北平中國大學畢業
別號	匡宇	簡歷	曾任華北工務總署科員、奉天放送局記者
年齡	27	永久通訊處	瀋陽城北鐵家營子

職別	雇員	籍貫	熱河
姓名	白紹文	學歷	北平蒙藏學校畢業
別號		簡歷	曾任中學事務員、省府辦事員
年齡	28	永久通訊處	卓索圖盟喀喇沁左旗南公營子

（十五）委員隨員

職別	莫委員隨員	籍貫	遼寧
姓名	蔡拱之	學歷	奉天法政專門
別號		簡歷	曾任科長、秘書
年齡	45	永久通訊處	

職別	莫委員隨員	籍貫	吉林
姓名	關陞元	學歷	吉林省立師範畢業
別號		簡歷	曾任教員、秘書
年齡	52	永久通訊處	

職別	萬委員隨員	籍貫	吉林
姓名	成世堅	學歷	中國大學畢業
別號		簡歷	曾任陸軍第三五軍司令部少校秘書
年齡	36	永久通訊處	

職別	萬委員隨員	籍貫	嫩江
姓名	梁衡	學歷	中學畢業
別號		簡歷	曾任書記、文牘、副官
年齡	37	永久通訊處	

職別	鄒委員隨員	籍貫	遼寧
姓名	宋寅	學歷	北京大學畢業
別號	孟虎	簡歷	曾任科長、秘書
年齡	43	永久通訊處	

職別	鄒委員隨員	籍貫	
姓名	安茂樑	學歷	
別號		簡歷	
年齡		永久通訊處	

職別	馮委員隨員	籍貫	遼寧
姓名	王達權	學歷	北京輔仁大學畢業、日本東京帝大研究
別號		簡歷	曾任助教、英文秘書、研究員、視察
年齡	31	永久通訊處	

職別	馮委員隨員	籍貫	遼寧
姓名	劉成瑞	學歷	北平師範大學畢業
別號		簡歷	曾任東北統一接收委員會辦事員
年齡	29	永久通訊處	

職別	馬委員隨員	籍貫	松江
姓名	邵桂辛	學歷	北平中國大學畢業
別號		簡歷	曾任中學教員、特別黨部秘書
年齡	39	永久通訊處	

職別	張委員隨員	籍貫	北平
姓名	德壽	學歷	八旗高等學校畢業
別號		簡歷	曾任書記官、秘書、稅捐局長
年齡	40	永久通訊處	

職別	張委員隨員	籍貫	遼寧
姓名	崔雲起	學歷	錦縣師範及軍需講習所畢業
別號		簡歷	曾任軍需官、主任秘書、營長、處長
年齡	46	永久通訊處	

職別	王委員隨員	籍貫	遼寧
姓名	李毅	學歷	奉天警官學校畢業
別號		簡歷	曾任縣長及警察廳長
年齡	53	永久通訊處	

職別	王委員隨員	籍貫	遼寧
姓名	王偉	學歷	北京燕京大學畢業
別號		簡歷	
年齡	29	永久通訊處	

職別	那委員隨員	籍貫	北平
姓名	朱文鎰	學歷	北京法政專門畢業
別號		簡歷	曾任主任秘書及縣知事
年齡	46	永久通訊處	

職別	那委員隨員	籍貫	北平
姓名	包晉祺	學歷	中國大學畢業
別號		簡歷	
年齡	26	永久通訊處	

（十六）本會離職人員姓名表

秘書辦公廳	秘書	田子敏			
	科員	劉　鐸　董孝和　趙興中　朱　誠 劉光堯　顧兆驥　吳國鼎			
	辦事員	馬元良　丁伯誠			
	雇員	李秉仁			
民政處	科員	劉賢浩　趙曉天　姜潤爽　崔仙橋 程大風　吳志詠			
財政處	科員	馬鳳蓀　郗繡岩　康樂天			
教育處	科長	孫組繩			
	科員	包叔仁　楊君寶　金煥雲　王式湘			
	辦事員	宋慧增　孫純一　孫國端　王學理 周雅南　蔡素蘭			
土地處	兼處長	祝　平			
	雇員	董廣深　王永安			
宣傳處	兼處長	潘公弼			
	宣工委員	陳　言			
司法行政處	科長	朱願年			
	科員	馮興亞			
	雇員	姜治臣			
總務處	科員	王棟岑　許超岳　張　銘　裴時英 吳延賢　彭蟲影			
	辦事員	王秀崑　談伯玉　王良渝　張祥年 譚占祿			
	雇員	胡雨三　么景賢　蔡玉如　陳君實 趙翰魁			
調查研究委員會	委員	王興東　郭　垣　陳鴻裕			
	室主任	張獻塵			
	科員	尹　元　尹東坡			
	雇員	史欣夫　李棟年　費毓松			
蒙旗復員委員會	組員	金崇文			
	辦事員	趙煥成			
	雇員	魏若愚			
駐京辦事處	科員	白隴民			
委員隨員		徐天民　王宏生			

民國史料 58

內戰在東北：
熊式輝、陳誠與東北行轅
（五）

Civil War in Manchuria: Hsiung Shih-hui, Chen Cheng,
and the Northeast Field Headquarter
- Section V

編　　者　民國歷史文化學社編輯部
總 編 輯　陳新林、呂芳上
執行編輯　林弘毅
封面設計　溫心忻
排　　版　溫心忻、施宜伶

出　　版　🛡️ 開源書局出版有限公司
香港金鐘夏愨道 18 號海富中心
1 座 26 樓 06 室
TEL：+852-35860995

🌼 民國歷史文化學社 有限公司
10646 台北市大安區羅斯福路三段
37 號 7 樓之 1
TEL：+886-2-2369-6912
FAX：+886-2-2369-6990

http://www.rchcs.com.tw

初版一刷　2021 年 7 月 31 日
定　　價　新台幣 350 元
　　　　　港　幣 95 元
　　　　　美　元 13 元
I S B N　978-986-5578-47-3
印　　刷　長達印刷有限公司
台北市西園路二段 50 巷 4 弄 21 號
TEL：+886-2-2304-0488

版權所有‧翻印必究
如有破損、缺頁或裝訂錯誤
請寄回民國歷史文化學社有限公司更換

國家圖書館出版品預行編目 (CIP) 資料
內戰在東北：熊式輝、陳誠與東北行轅 = Civil
war in Manchuria：Hsiung Shih-hui,Chen
Cheng,and the Northeast Field Headquarter/
民國歷史文化學社編輯部編 . -- 初版 . -- 臺北市：
民國歷史文化學社有限公司 , 2021.07-
　　冊；　公分 . --（民國史料；54-58）
ISBN 978-986-5578-43-5（第 1 冊：平裝）. --
ISBN 978-986-5578-44-2（第 2 冊：平裝）. --
ISBN 978-986-5578-45-9（第 3 冊：平裝）. --
ISBN 978-986-5578-46-6（第 4 冊：平裝）. --
ISBN 978-986-5578-47-3（第 5 冊：平裝）

1. 國共內戰　2. 民國史
628.62　　　　　　　　　　　110010760